Assessment Report on China's Food Security 2025

中国粮食安全评估报告 2025

中国农业科学院农业信息研究所 著

中国农业出版社
北 京

本 书 得 到

中国农业科学院科技创新工程

（CAAS-ASTIP-2025-AII）资助，特此致谢！

《中国粮食安全评估报告 2025》
主要撰写人员名单

徐　磊　中国农业科学院农业信息研究所农业发展研究事业部主任兼农业产业安全研究室主任、三级研究员、博士生导师

魏同洋　中国农业科学院农业信息研究所农业产业安全研究室副研究员、博士

张　益　中国农业科学院农业信息研究所农业产业安全研究室助理研究员、博士

杨荣超　中国农业科学院农业信息研究所农业产业安全研究室助理研究员、博士

宋正阳　中国农业科学院农业信息研究所农业产业安全研究室副研究员、硕士

FOREWORD

前 言

粮食安全乃"国之大者"，确保国家粮食安全始终具有特殊的重要意义。中国农业科学院农业信息研究所农业产业安全研究团队深入学习贯彻习近平总书记关于国家粮食安全的重要论述，围绕中国农业科学院打造"四中心一智库"新时期国家战略科技力量的目标定位，从保障国家粮食安全重大任务出发，坚持把粮食安全问题研究作为首要课题，自 2021 年起连续 4 年对粮食安全态势进行跟踪评估，编写发布《中国粮食安全评估报告》。

2025 年，世界百年变局加速演进，外部环境更趋复杂严峻，全球产业链供应链稳定面临多重挑战，粮食安全风险不容忽视。中国农业科学院农业信息研究所农业产业安全研究团队立足全方位夯实粮食安全根基，系统优化了粮食安全评估指标和模型，继续对我国粮食安全态势进行动态监测和量化评估，同时深入分析过去十年（2015—2024 年）我国粮食安全演变趋势，并对 2025 年粮食安全形势作出前瞻性预判，进而形成《中国粮食安全评估报告 2025》，以期为国家粮食安全科学决策提供参考。

《中国粮食安全评估报告 2025》的出版得到中国农业科学院创新工程经费的支持，同时我们也向中国农业出版社表示衷心感谢！本报告是《中国粮食安全评估报告》系列的第五册，作为一个探索性、阶段性的科研成果，不足之处敬请各位同仁指正。我们将继续跟踪研究，不断完善粮食安全评估理论、方法和模型，努力把《中国粮食安全评估报告》打造成为研判国家粮食安全的智库品牌，为确保国家粮食安全做出科技工作者应有贡献。

著　者

2025 年 5 月 30 日

CONTENTS

目　录

 第一章 粮食产业安全评估

2024 年，我国粮食产业安全指数稳中有升，再创历史新高。预计 2025 年，我国粮食产业安全指数将保持平稳运行，继续处于安全区间。

一、2024 年粮食产业安全态势判断

2024 年我国粮食产业安全总指数为 94.90，较 2023 年提高 1.63 个点，增幅达到 1.74%，继续处于安全区间。

从分项指数看，基础保障水平和购买力水平指数运行在安全区间，市场运行形势、科技支撑能力和资源环境条件指数分值仍处于基本安全区间。其中，基础保障水平、市场运行形势、资源环境条件和购买力水平指数分值分别为 93.14、89.35、89.54 和 99.85，较 2023 年同比增加 1.88、1.78、0.26 和 0.78 个点，增幅分别为 2.06%、2.03%、0.30% 和 0.79%；而科技支撑能力指数分值为 87.01，较 2023 年下滑 0.14 个点，降幅为 0.16%（图 1-1）。

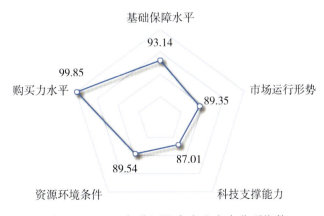

图 1-1 2024 年我国粮食产业安全分项指数

一是基础保障水平稳中略增。2024 年各地区各部门严格落实耕地保护和粮食

安全责任，持续抓好粮食生产工作，产量再创历史新高，首次突破 1.4 万亿斤[①]，达到 14 130 亿斤，较 2023 年增加 222 亿斤增长 1.60%，推动我国粮食人均占有量也首次超过 500 千克，较 2023 年增加 8.37 千克增长 1.70%。值得注意的是，受淀粉、酒精等粮食加工消费持续增长的影响，粮食总消费量有所增加，致使我国粮食自给率较 2023 年下滑 1.59 个百分点，降至 93.25%；不过受期初库存量增加的影响，我国粮食库存消费比较 2023 年增加 4.92 个百分点，提升至 75.53%。虽然 2024 年我国粮食进口总量仍处于历史第三高位，仅次于 2021 年和 2023 年，但粮食进口多元化布局效果已经初步显现，进口市场集中度显著降低，粮食进口 CR3[②] 为 83.70%，较 2023 年下降 4.95 个百分点，标志着我国在分散进口风险、拓展进口渠道方面取得一定进展，粮食供应链的稳定性与韧性得到进一步增强（表 1 - 1）。

表 1 - 1　2023—2024 年粮食基础保障水平评价指标值

年份	粮食自给率	粮食人均占有量	粮食库存消费比	粮食进口集中度
2023	94.84%	493.31 千克	70.61%	88.65%
2024	93.25%	501.68 千克	75.53%	83.70%

二是市场运行形势稳中向好。 2024 年我国全面实施稻谷、小麦、玉米三大粮食作物完全成本保险和种植收入保险政策，进一步提振我国粮食保险深度至 1.64%，较 2023 年提高 0.09 个百分点。2024 年国际粮食供给总量较为充足，贸易总量整体呈收缩态势，部分粮食品种价格下行，使得国际粮食价格距平较 2023 年大幅下降 51.19 美元/吨，回落至 37.57 美元/吨。值得关注的是，虽然 2024 年我国粮食市场总体仍处于"紧平衡"状态，粮食总消费量稳中有增，但粮食消费需求增速则有所放缓；同时，尽管我国继续提高小麦、早籼稻最低收购价，但在国际粮食价格下跌的传导冲击下，多空频繁博弈，国内粮食市场平均价格最终还是较 2023 年下滑 4.30%。由于粮食生产成本呈持续刚性增长趋势，伴随着粮食市场价格重心下移，2024 年我国粮食亩均现金收益较 2023 年降幅达到 6.46%，所幸得益于稳定耕地地力保护补贴和玉米、大豆、稻谷生产者补贴等政策，下降速度较 2023 年略有减缓（表 1 - 2）。

---

① 斤为非法定计量单位，1 斤＝500 克，下同。
② CR3 指我国当年粮食进口排名前三位国家的进口金额与当年粮食进口总金额的比值，下同。

表1-2　2023—2024年粮食市场运行形势评价指标值

年份	粮食亩均现金收益增速	年度间粮食市场价格波动率	粮食作物保险深度	国际粮价距平
2023	−7.00%	−1.35%	1.55%	88.76 美元/吨
2024	−6.46%	−4.30%	1.64%	37.57 美元/吨

三是科技支撑能力持平略降。2024 年，我国大力实施农机装备补短板行动，农机装备发展呈现智能化、高端化与区域适配协同推进特征，确保粮食耕种收综合机械化率稳中有升至 92.18%，较 2023 年提升 0.48 个百分点。与此同时，各地持续推进高标准农田建设，改善农业生产条件，深入推进粮油等主要作物大面积单产提升行动，推广合理增密、水肥一体化、"一喷三防"、"一喷多促"等技术，2024 年粮食平均亩产达到 395 千克，较 2023 年提高 5.1 千克，推动我国粮食单产增速提升至 1.30%，较 2023 年提高 0.5 个百分点。此外，得益于集成推广良田、良种、良机、良法和良制"五良"融合技术体系以及社会化服务模式优化升级等诸多因素叠加，2024 年我国粮食全要素生产率较 2023 年增加 0.01 个点，增至 1.02（2012 年设定为基期，基期值为 1.00）。需要特别指出的是，我国正处于种业振兴"由量转质"的关键阶段，伴随着新品种审定门槛抬高以及"质量导向"的进一步强化，2024 年我国粮食新品种审定（国审与省审）通过数量延续了下滑走势，较 2023 年减少 488 个，降至 5 190 个，下降速度扩大到 8.59%（表1-3）。

表1-3　2023—2024年粮食科技支撑能力评价指标值

年份	粮食单产增速	粮食品种审定通过数量增速	粮食耕种收综合机械化率	粮食全要素生产率
2023	0.80%	−1.93%	91.70%	1.01
2024	1.30%	−8.59%	92.18%	1.02

四是资源环境条件持续改善。2024 年我国高度重视粮食生产工作，各地严格落实粮食安全"党政同责"，加强耕地保护和用途管控，推进土地综合整治，扩大复播粮食面积，充分挖掘面积潜力，确保我国粮食播种面积连续五年保持增长，进一步增长至 17.90 亿亩①，较 2023 年增加 526 万亩，增长 0.30%。与此同时，伴随着高标准农田建设全面推进，灌溉效率得到有效提升，而新型、高端、智能、绿色农机推广应用，提升了农机装备作业质量、作业效率、可靠性和适用性，相应减少了化石能源消耗，多措并举推动我国生产每吨粮食排放的二氧化碳当量进一步下降至 553.74 千克，

---

① 亩为非法定计量单位，1 亩≈667 平方米，下同。

较 2023 年降低 10.69 千克。2024 年，尽管我国局部地区发生了高温干旱、极端洪涝和超强台风等自然灾害，但从全国面上看农业灾情较轻，特别是防灾能力提升削弱了灾害冲击，全国农作物整体受灾面积为 10 090.00 千公顷，与 2023 年同期相比减少 449.30 千公顷，表明我国粮食生产面临的自然灾害等级处于中低风险区域（2 分）（表 1-4）。

表 1-4　2023—2024 年粮食资源环境条件评价指标值

年份	粮食播种面积增长率	生产每吨粮食排放的二氧化碳排放量	粮食生产面临自然灾害风险等级
2023	0.50%	564.43 千克	2 分
2024	0.30%	553.74 千克	2 分

五是粮食购买力水平不断提升。2024 年我国居民人均可支配收入达到 41 314 元，较 2023 年增长 5.34%，城乡居民粮食购买力水平升至过去十年最高水平（图 1-2）。

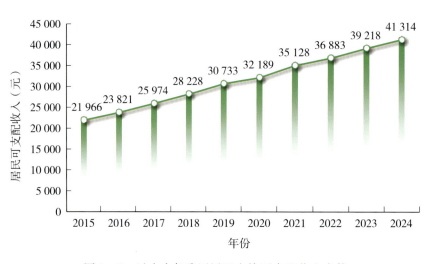

图 1-2　过去十年我国居民人均可支配收入走势

二、过去十年粮食产业安全趋势演变

过去十年我国粮食产业总体上处于安全区域（指数平均分值 91.34），安全程度呈现波动上行趋势。其间，2016 年、2018 年、2022 年略有回落，其余年份粮食产业安全指数呈持续上升走势；指数运行波峰出现在 2024 年（94.90），波谷出现在 2016 年（87.11），落差值达 7.79 个点（图 1-3）。

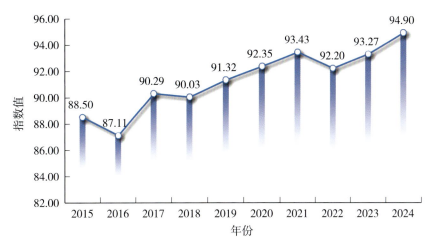

图 1-3　过去十年我国粮食产业安全指数走势

（一）粮食基础保障水平

2015—2024 年我国粮食基础保障水平指数总体上运行在安全区间（指数平均分值 91.06），安全程度呈现先波动下行、后强劲反弹拉升"两阶段"震荡走势，分值从 91.89 增至 93.14，增幅为 1.25 个点（图 1-4）。

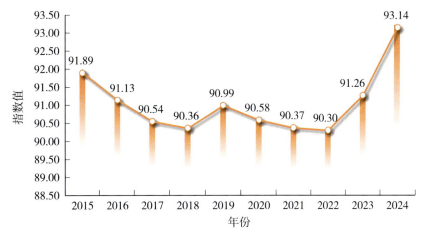

图 1-4　过去十年我国粮食基础保障水平指数走势

过去十年，我国粮食供需整体处于"紧平衡"状态。2015—2022 年，我国粮食总产量从 66 060.27 万吨提高到 68 652.77 万吨，增长 3.92%，推动粮食人均占有量从 478.70 千克提高到 486.30 千克，但由于肉类总产量同期从 8 749.52 万吨提高到 9 328.44 万吨，并且增速明显快于粮食产量增速，达到 6.62%。粮食饲用消费快速增长致使粮食自给率和库存消费比从 98.05% 和 73.54% 波动下降至 90.98% 和 67.64%，最终导致粮食基础保障水平指数分值波动下滑至过去十年最低位，分值

90.30，下跌 1.59 个点。2023—2024 年，虽然我国肉类总产量继续稳中有增，但增速已有所放缓，与此同时我国开始统筹推进提效节粮、开源节粮、优化结构节粮，大力推广精准配方低蛋白日粮技术，积极推行精准饲养管理，充分挖掘利用非粮饲料资源，粮食饲用消费快速增长的态势得到有效遏制。伴随着我国粮食总产量连创历史新高，粮食基础保障水平指数在 2023 年反弹至 91.26，2024 年进一步上升至过去十年最高值 93.14。值得关注的是，过去十年我国粮食进口量居高不下，且进口来源地相对集中，粮食进口 CR3 居高不下，均超过 83%。其中 2019 年我国粮食进口 CR3 回落至过去十年第二低位 84.61%，直接推动粮食基础保障水平指数反弹至 90.99；2024 年我国粮食进口 CR3 探至过去十年最低位，成为推动粮食基础保障水平指数创历史新高的重要因素（图 1-5）。

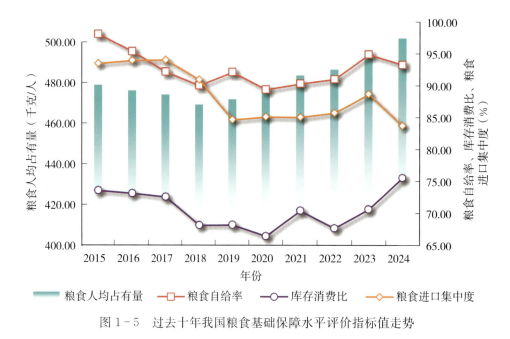

图 1-5　过去十年我国粮食基础保障水平评价指标值走势

（二）粮食市场运行形势

2015—2024 年我国粮食市场运行形势总体处于基本安全区间（指数平均分值 87.56），指数基本上呈现倒"U"形曲线走势，且波动幅度相对较大，指数运行波峰出现在 2021 年（91.62），波谷出现在 2016 年（83.29），落差值高达 8.33 个点（图 1-6）。

过去十年，我国先后修订了《农业保险条例》，明确政策性农业保险制度框架，全面实施三大粮食作物完全成本保险和种植收入保险，推动我国粮食作物保险深度快速提升，由 2015 年的 0.63% 迅速提升至 2024 年的 1.64%，从而有效支撑我国粮食市场运行形势指数始终运行在基本安全区间及以上。其间，2015—2019 年，主要受

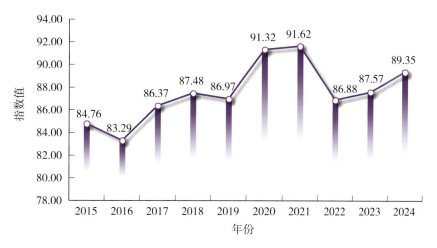

图 1-6　过去十年我国粮食市场运行形势指数走势

国际低价粮冲击影响，我国粮食价格总体呈下滑趋势，其重心逐步下移，同时在很大程度上拖累粮食亩均现金收益增长（图1-7）。特别是2016年，由于全球粮食供应充足，国际粮价下行传导加之国内收储政策调整以及去库存政策等多重因素影响，我国年度间粮食市场价格波动率和粮食亩均现金收益增速均跌至过去十年最低值－7.66％和－20.09％，从而导致粮食市场运行形势指数滑至过去十年最低值83.29。2020—2021年，在全球新冠疫情持续蔓延、蝗虫灾害肆虐非洲多国以及美国宽松货币政策叠加形成的预期效应持续影响下，国际粮价持续上涨。在国内外粮食市场联动性日益增强的背景下，受国际经济形势和国际粮食市场影响，2020年和2021年我国粮食价格分别上涨3.74％和9.64％，提振粮食亩均现金收益增速分别达到

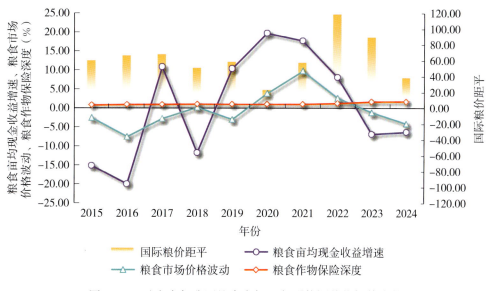

图 1-7　过去十年我国粮食市场运行形势评价指标值走势

19.56％和17.58％，处于过去十年前两位，直接拉动市场运行形势指数跃升至安全区间，并在2021年达到过去十年峰值91.62。值得关注的是，由于国际粮食价格在2022年继续大幅波动，国际粮价距平飙升为117.83美元/吨，成为过去十年最不稳定时期，从而拖累我国粮食市场运行形势指数迅速回落至基本安全区间，分值为86.88。2023年以来，由于全球供应持续宽松，国际粮价距平显著下降，成为支撑市场运行形势指数连续两年上行的主要动因，但由于国内粮食价格和亩均现金收益增速持续疲软，指数尚未反弹至安全区间。

（三）粮食科技支撑能力

2015—2024年，我国粮食科技支撑能力整体运行在基本安全区间（指数平均分值87.62），安全程度横盘震荡整理走势，指数运行波峰出现在2017年（88.78），波谷出现在2016年（86.71），落差值仅为2.07个点（图1-8）。

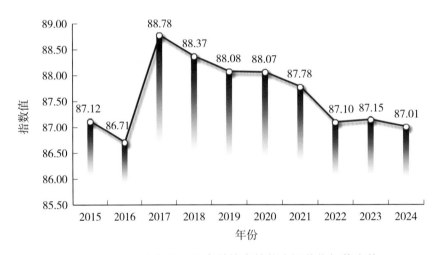

图1-8　过去十年我国粮食科技支撑能力评价指标值走势

过去十年，我国深入推进农业机械化供给侧结构性改革，着力补短板、强弱项、促协调，大力推动机械化与农艺制度、智能信息技术、农业经营方式、农田建设相融合相适应，同时农业社会化服务体系建设日趋完善，推动我国粮食耕种收综合机械化率和粮食全要素生产率总体呈上升态势，分别由2015年的82.20％和1.00（2012年设定为基期，基期值为1.00）提高到2024年的92.18％和1.02，从而避免粮食科技支撑能力指数滑落至不安全区间。其间，2016年受"镰刀弯"地区玉米结构调整以及自然灾害强度和范围扩大的影响，我国粮食单产水平下滑至369.28千克/亩，较2015年减少0.92千克/亩，加之受上年第三次修订的《中华人民共和国种子法》开始实施的影响，我国粮食新品种审定（国审与省审）通过数量出现短暂下降，增速降为负值（－2.89％），导致粮食科技支撑能力指数降至过去十年最低值86.71。2017—2021年，通过国家审定的粮食作物品种数量快速增加，特别是2017年粮食新品种申请数量增速高达63.49％，直接推动科技支撑能力指数站上88.78的高位。2022年以来，第四次修订的《中华人民共和国种子法》以及2021年版《国家级稻、玉米品种审定标准》的发布实施，进一步提高了新品种审定门槛，致使粮食新品种审定（国审与省审）通过数量连续3年下降，降幅分别达到7.21％、1.93％和8.59％。值得关注的是，在此期间我国粮食全要素生产率出现波动，从1.08回调至1.02，从而拖累科技支撑能力指数下行，使其始终徘徊在基本安全区间（图1-8和图1-9）。

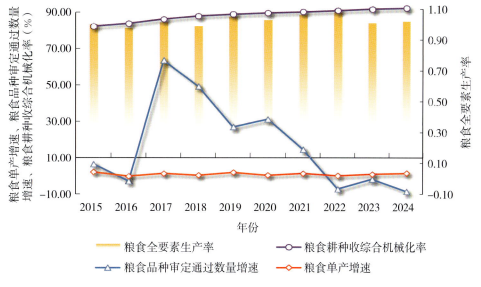

图1-9　过去十年我国粮食科技支撑能力评价指标值走势

（四）粮食资源环境条件

2015—2024年，我国粮食资源环境条件同样整体处于基本安全区间（指数平均分值86.50），呈震荡上升走势，分值从83.34升至89.54，上涨6.2个点（图1-10）。

过去十年，主要受"镰刀弯"地区玉米结构调整导致玉米播种面积连续5年下滑的影响，我国粮食播种面积在2017—2019年也出现连续3年负增长（－1.04％、－0.81％、－0.83％），不过就整体而言，我国始终将耕地保护置于国家战略高度，坚决遏制耕地"非农化"、防止"非粮化"的政策底线十分明确，以"长牙齿"的硬措施保护耕地，2015年、2016年、2020—2024年，我国粮食播种面积均保持正增长。得益于测土配方施肥、统防统治、绿色防控、秸秆还田、粮豆轮作等先进技术大面积推广应用，特别是化肥、农药利用效率不断提升，我国生产每吨粮食排放的

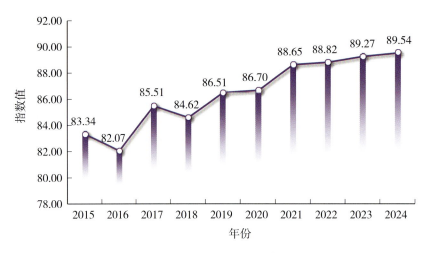

图 1-10　过去十年粮食资源环境条件指数走势

二氧化碳当量已由 2015 年的 686.74 千克降低到 2024 年的 553.74 千克，即过去十年中平均生产每吨粮食减排 133 千克二氧化碳当量，降幅达到 19.37%，成为粮食资源环境条件指数上行的主要驱动力。需要特别指出的是，从粮食种植所面临的自然灾害风险等级来看，风险等级在 2016 年和 2018 年出现了波动，分别反弹至 5.00 分和 4.00 分，处于中高风险区域，从而拖累粮食资源环境条件指数回调至 82.07 和 84.62。伴随着防灾减灾技术的不断进步，2019 年以来我国粮食种植所面临的自然灾害风险等级整体呈现下降趋势，回落至中低风险（3.00 分、2.00 分），我国粮食资源环境条件指数相应逐步上升并创下 89.54 新高，但与安全区间仍有一步之遥（图 1-10 和图 1-11）。

图 1-11　过去十年我国粮食资源环境条件评价指标值走势

（五）粮食购买力水平

2015—2024 年我国居民人均可支配收入水平增长较快，推动我国粮食购买力水平指数由 90.37 提升至 99.85，增幅达到 10.49％，表明"保证任何人在任何时候既能买得到又能买得起为维持生存和健康所必需的足够食品"的购买力水平已整体迈上新的台阶（图 1－12）。

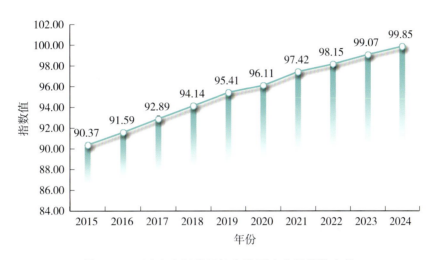

图 1－12　过去十年我国粮食购买力水平指数走势

三、2025 年粮食产业安全态势预判

（一）粮食产业安全程度波动风险度量

本报告根据我国 2014—2024 年粮食产业安全指数以及基础保障水平等 5 个分项指数年度间波动率时间序列，拟合出基于正态分布的概率密度函数（表 1－5）。

表 1－5　粮食产业安全指数波动率正态分布的均值和标准差

指数名称	均值	标准差
粮食产业安全	0.007 9	0.016 2
基础保障水平	0.001 5	0.009 4
市场运行形势	0.006 3	0.029 9
科技支撑能力	−0.000 1	0.009 3
资源环境条件	0.008 1	0.017 9
购买力水平	0.011 1	0.003 0

拟合结果表明，我国粮食产业安全指数值波动率服从均值为 0.007 9，标准差为 0.016 2 的正态分布；基础保障水平指数值波动率服从均值为 0.001 5，标准差为 0.009 4 的正态分布；市场运行形势指数值波动率服从均值为 0.006 3，标准差为 0.029 9 的正态分布；科技支撑能力指数值波动率服从均值为－0.000 1，标准差为 0.009 3 的正态分布；资源环境条件指数值波动率服从均值为 0.008 1，标准差为 0.017 9 的正态分布；购买力水平指数值波动率服从均值为 0.011 1，标准差为 0.003 0 的正态分布。

（二）2025 年粮食产业安全态势预判

1. 预计粮食产业安全指数继续处于安全区间

2025 年，我国严格落实粮食安全党政同责，扎实推进新一轮千亿斤粮食产能提升行动，加快建设国家粮食安全产业带，确保我国粮食产业安全指数将继续运行在安全区间，并有望再创历史新高。基于蒙特卡罗仿真模拟的结果显示：2025 年我国粮食产业安全指数预测分值低于 90 的概率为 0，代表平均值 50％的百分位线为 95.69，较 2024 年（94.90）稳中有增（表 1－6）。

表 1－6　2025 年我国粮食产业安全指数模拟预测值

百分位	2025 年预测值
0.05	93.24
0.10	93.72
0.15	94.12
0.20	94.46
0.25	94.72
0.30	94.98
0.35	95.14
0.40	95.33
0.45	95.52
0.50	95.69
0.55	95.96
0.60	96.22
0.65	96.43
0.70	96.66
0.75	96.91
0.80	97.17

（续）

百分位	2025 年预测值
0.85	97.44
0.90	97.78
0.95	98.38

2. 预计粮食基础保障水平指数处于安全区间

2025 年，我国持续增强粮食等重要农产品供给保障能力，将粮食生产目标任务下达各省份，预计粮食总产量有望再获丰收，推动粮食人均占有量稳中有升。与此同时，工业消费增加成为拉动粮食消费上涨的主要动力，粮食总消费量预计略有增长，粮食供需"紧平衡"格局保持不变，粮食自给率和库存消费比稳中趋降。此外，我国粮食进口集中度居高不下的潜在风险也不容忽视。综合研判，2025 年虽然我国粮食基础保障水平指数或将回落，但整体大概率仍将运行在安全区间。基于蒙特卡罗仿真模拟的结果显示：2025 年我国粮食基础保障水平指数预测分值低于90 的概率为 0，代表平均值 50% 的百分位线为 93.31，与 2024 年（93.14）持平略增（表 1 - 7）。

表 1 - 7　2025 年我国粮食基础保障水平指数模拟预测值

百分位	2025 年预测值
0.05	91.91
0.10	92.19
0.15	92.42
0.20	92.61
0.25	92.76
0.30	92.90
0.35	92.99
0.40	93.10
0.45	93.21
0.50	93.31
0.55	93.46
0.60	93.61
0.65	93.72
0.70	93.86
0.75	94.00
0.80	94.15

（续）

百分位	2025 年预测值
0.85	94.30
0.90	94.49
0.95	94.83

3. 预计粮食市场运行形势指数或将跃至安全区间

2025 年，我国不断健全种粮农民收益保障机制，实施好稻谷、小麦最低收购价，着力完善玉米大豆生产者补贴、稻谷补贴，稳定耕地地力保护补贴，启动实施中央统筹下的粮食产销区省际横向利益补偿，预计粮食市场价格波动率和粮食亩均现金收益增速将由"负"转"正"。伴随着稻谷、小麦、玉米、大豆完全成本保险和种植收入保险投保面积进一步扩大，我国粮食保险深度有望再创新高，从而共同支撑我国粮食市场运行形势指数上行。不过考虑到国际粮价波动面临的不确定性因素仍然较多，国际粮价距平可能会出现较大幅度的波动。综合研判，2025 年我国粮食市场运行形势指数有可能会跃至安全区间，同时存在继续运行在基本安全区间的可能性。基于蒙特卡罗仿真模拟的结果显示：2025 年我国粮食市场运行形势指数预测分值低于 90 的概率为 50%，代表平均值 50% 的百分位线为 90.00，较 2024 年（89.35）略有增加（表 1-8）。

表 1-8 2025 年我国粮食市场运行形势指数模拟预测值

百分位	2025 年预测值
0.05	85.72
0.10	86.56
0.15	87.26
0.20	87.85
0.25	88.30
0.30	88.75
0.35	89.02
0.40	89.35
0.45	89.69
0.50	90.00
0.55	90.45
0.60	90.91
0.65	91.26

（续）

百分位	2025 年预测值
0.70	91.66
0.75	92.09
0.80	92.55
0.85	93.01
0.90	93.60
0.95	94.65

4. 预计粮食科技支撑能力指数仍处于基本安全区间

2025 年，我国继续实施粮食单产提升工程，集成组装推广区域性高产高效种植技术，推进良田良种良机良法协同融合，注重发挥新型农业经营主体率先提高单产的典型引领作用，预计我国粮食耕种收综合机械化率、全要素生产率和单产水平将稳中有升。需要特别指出的是，2025 年农业农村部制定了《关于加强农作物品种全链条管理的若干措施》，决定开展加强品种全链条管理专项行动，层层压实责任，推动措施落实，旨在解决品种同质化问题。全年粮食新品种审定（国审与省审）通过数量大概率将继续下滑。综合研判，2025 年我国粮食科技支撑能力指数仍将运行在基本安全区间。基于蒙特卡罗仿真模拟的结果显示：2025 年我国粮食科技支撑能力指数预测分值代表平均值 50% 的百分位线为 87.02，与 2024 年（87.01）基本持平，高于 90 的概率为 0（表 1-9）。

表 1-9　2025 年我国粮食科技支撑能力指数模拟预测值

百分位	2025 年预测值
0.05	85.73
0.10	85.98
0.15	86.20
0.20	86.38
0.25	86.51
0.30	86.65
0.35	86.73
0.40	86.83
0.45	86.93
0.50	87.02
0.55	87.17

（续）

百分位	2025 年预测值
0.60	87.30
0.65	87.41
0.70	87.53
0.75	87.66
0.80	87.80
0.85	87.94
0.90	88.12
0.95	88.44

5. 预计粮食资源环境条件指数或将跃至安全区间

2025 年，农业农村部、水利部、应急管理部、中国气象局联合出台了《关于加强农业防灾减灾救灾能力建设的指导意见》，全面提高粮食生产防范和抵御自然灾害风险能力；同时，我国将千方百计稳住粮食播种面积，统筹推进粮食绿色高质高效创建，生产每吨粮食排放的二氧化碳当量预计仍有进一步下降的空间。综合判断，2025 年我国粮食资源环境条件指数大概率会跃至安全区间。基于蒙特卡罗仿真模拟的结果显示：2025 年我国粮食资源环境条件指数预测分值代表平均值 50% 的百分位线为 90.32，较 2024 年（89.54）有所提升，超过 90 的概率达到 58%（表 1 - 10）。

表 1 - 10   2025 年我国粮食资源环境条件指数模拟预测值

百分位	2025 年预测值
0.05	87.76
0.10	88.27
0.15	88.69
0.20	89.04
0.25	89.31
0.30	89.58
0.35	89.74
0.40	89.94
0.45	90.14
0.50	90.32
0.55	90.60
0.60	90.87
0.65	91.08

（续）

百分位	2025 年预测值
0.70	91.32
0.75	91.58
0.80	91.86
0.85	92.13
0.90	92.49
0.95	93.11

6. 预计粮食购买力水平指数处于安全区间

2025 年，我国坚持稳中求进、以进促稳，守正创新、先立后破、系统集成、协同配合，推动经济持续回升向好，切实保障和改善民生，不断增进民生福祉。综合判断，2025 年我国粮食购买力水平指数将进一步提升。基于蒙特卡罗仿真模拟的结果显示：2025 年我国粮食购买力水平指数预测分值低于 100 的概率为 0，代表平均值50% 的百分位线为 100.97，较 2024 年（99.85）进一步提升（表 1-11）。

表 1-11　2025 年我国粮食购买力水平指数模拟预测值

百分位	2025 年预测值
0.05	100.49
0.10	100.58
0.15	100.66
0.20	100.73
0.25	100.78
0.30	100.83
0.35	100.86
0.40	100.90
0.45	100.94
0.50	100.97
0.55	101.02
0.60	101.08
0.65	101.12
0.70	101.16
0.75	101.21
0.80	101.26
0.85	101.31
0.90	101.38
0.95	101.50

第二章 稻谷产业安全评估

2024 年，我国稻谷产业安全指数在安全区间内继续保持上升态势，并攀至历史最高点。预计 2025 年，我国稻谷产业安全指数仍将稳中有升，继续运行在安全区间。

一、2024 年稻谷产业安全态势判断

2024 年我国稻谷产业安全总指数为 96.24，较 2023 年增长 2.98 个点，增幅达 3.20%，继续处于安全区间。

从分项指数看，基础保障水平、市场运行形势和购买力水平指数①均处于安全区间，科技支撑能力和资源环境条件指数运行在基本安全区间。其中，基础保障水平、市场运行形势和资源环境条件指数分值为 93.34、94.84 和 89.53，较 2023 年分别增加 3.74、3.27 和 0.35 个点，增幅达 4.18%、3.57% 和 0.40%；科技支撑能力指数值则下降为 86.77，较 2023 年下滑 0.24 个点，降幅为 0.28%（图 2-1）。

图 2-1 2024 年我国稻谷产业安全分项指数

---

① 稻谷购买力水平指数分值等同于粮食（详情见第一章）。

一是基础保障水平强劲反弹。2024 年我国稻谷播种面积实现恢复性增长，达 29 006.90 千公顷，较 2023 年增长 57.80 千公顷，稻谷总产量增至 20 753.50 万吨，比 2023 年增产 93.20 万吨；与此同时，受城乡居民膳食结构转型升级、老龄化进程进入"最快时期"等因素影响，稻谷口粮消费持续疲软，加之玉米价格低位运行，稻谷替代优势不明显，致使稻谷饲用消费整体回落，叠加政策性稻谷库存持续投放市场，我国稻谷供需面整体呈现较为宽松的态势。2024 年我国稻谷自给率、库存消费比和人均占有量回升至 103.77％、75.58％和 147.37 千克/人，分别较 2023 年增长 29.01 个百分点、5.48 个百分点和 0.81 千克。需要指出的是，2024 年我国延续以稻米为主的进口格局，大米进口总量为 165.7 万吨（折合稻谷 237 万吨），较上一年下降 37.10％，前三大进口来源国为缅甸、泰国和越南，但进口集中度 CR3 却不降反升，较 2023 年提高 2.78 个百分点，达到 78.58％（表 2-1）。

表 2-1　2023—2024 年稻谷基础保障水平评价指标

年份	稻谷自给率	稻谷人均占有量	稻谷库存消费比	稻谷进口集中度
2023	98.29％	146.56	46.57％	75.80％
2024	103.77％	147.37	75.58％	78.58％

二是市场运行形势有所好转。2024 年我国全面实施稻谷完全成本保险和种植收入保险，通过财政精准补贴及普惠性设计，支撑稻谷保险深度攀升至 1.92％，较 2023 年增长 0.06 个百分点。由于 2023 年我国稻谷产量下滑至 20 660.30 万吨，比 2022 年减少 189.18 万吨，导致 2024 年上半年国内稻谷库存消化明显加速，市场优质粮源出现阶段性偏紧，推动稻谷市场价格上涨，下半年伴随着新稻上市，稻谷价格明显承压，不过得益于最低收购价政策的"托底"，稻谷价格很快止跌企稳。总的看，2024 年我国稻谷市场价格呈现稳中有涨态势，从而提振稻谷亩均现金收益继续保持增长，但由于稻谷市场价格较 2023 年的涨幅仅为 0.26％，致使稻谷亩均现金收益增速较上一年有所放缓，回落至 3.00％。值得关注的是，受全球大米产量恢复、出口竞争加剧及印度放宽出口限制等因素驱动，2024 年国际大米价格呈现持续下跌态势，国际大米价格距平降至 10.30 美元/吨，较 2023 年大幅下降 98.47 美元/吨（表 2-2）。

表 2-2　2023—2024 年稻谷市场运行形势评价指标

年份	稻谷市场价格波动	国际大米价格距平	稻谷保险深度	稻谷亩均现金收益增速
2023	2.81％	108.77 美元/吨	1.86％	14.63％
2024	0.26％	10.30 美元/吨	1.92％	3.00％

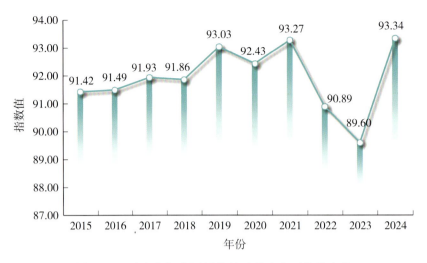

图 2-3　过去十年我国稻谷基础保障水平指数走势

93.27，增加 1.85 个点，增幅为 2.02%。2022 年以来，我国稻米进口集中度 CR3 呈现逐年反弹上升的趋势，对基础保障水平指数的上行有所影响。值得关注的是，我国稻谷生产在经历了 2022 年和 2023 年连续两年减产后，总产量降至过去十年最低记录的 20 660.30 万吨，致使库存消费比和人均占有量相应下降到 46.57% 和 146.56 千克，均处于过去十年的最低位，自给率（98.29%）处于过去十年的第二低位，最终导致我国稻谷基础保障水平指数连续两年下降，2022 年跌至 90.89，2023 年进一步探底滑至基本安全区间，分值为 89.60。不过伴随着 2024 年我国稻谷总产量恢复性增长，我国稻谷基础保障水平指数强劲反弹至安全区间并创下历史新高（图 2-3 和图 2-4）。

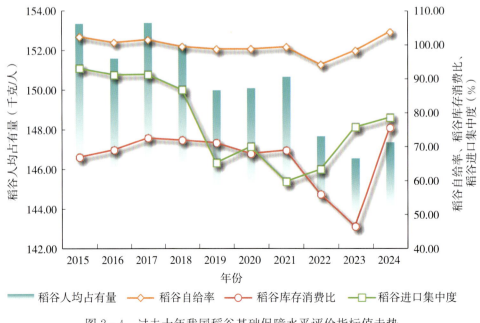

图 2-4　过去十年我国稻谷基础保障水平评价指标值走势

（二）稻谷市场运行形势

2015—2024 年，我国稻谷市场运行形势指数总体上处于基本安全区间（指数平均分值89.85），安全程度跨越了基本安全和安全两个区域，呈现先波动上行、后"U"形波动调整"两阶段"走势特征，分值从87.38升至94.84，上涨7.46个点（图2－5）。

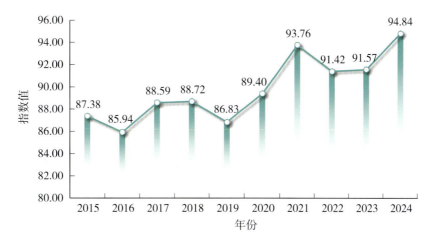

图 2－5　过去十年我国稻谷市场运行形势指数走势

过去十年，我国稻谷市场凸显政策市特征，通过实施以最低收购价政策为核心的调控"组合拳"，确保稻谷市场运行形势指数始终运行在基本安全区间及以上。伴随着稻谷保险实现从单一物化成本保障向"完全成本＋收入保险"的多层次体系跨越，我国稻谷保险深度相应从 2015 年的0.64％大幅提高至2024 年的1.92％，从而有效推动稻谷市场运行形势指数整体呈现不断上行的态势。2015—2020 年，国际大米市场供需相对宽松，市场价格总体波澜不惊，国际大米市场价格距平位于24～59 美元/吨的区间，但由于国内稻谷消费疲软，市场价格连续 6 年"跌跌不休"，跌幅分别为0.05％、3.10％、0.41％、1.89％、4.92％和0.45％，从而拖累稻谷亩均现金收益连续 5 年持续下滑，分别较上一年同比下降 2.10％、5.69％、2.93％、10.86％和4.58％，最终导致我国稻谷市场运行形势指数徘徊在基本安全区间。2021—2024 年，我国连续 4 年上调早籼稻最低收购价，同时保持中晚籼稻与粳稻价格最低收购价不变，旨在稳定双季稻面积，引导种植结构向优质品种调整。不难发现，通过政策引导实现供需再平衡，我国稻谷市场价格在 2021 年、2023 年和2024 年分别上涨1.91％、2.81％和0.26％，稻谷亩均现金收益在上述年份的增速也分别达到0.23％、14.63％和3.00％，共同推动我国稻谷市场运行形势指数跃上安全区间。值得关注的是，正是由于 2022 年我国稻谷市场价格增速和稻谷亩均现金收益增速回落为－3.10％和

－13.76%，稻谷市场运行形势指数在安全区间应声回调至过去4年中的最低位91.42。此外，受俄乌冲突等地缘政治影响，2023年国际大米市场价格距平飙升至108.77美元/吨，对我国稻谷市场运行形势指数上行也有所拖累，分值为91.57，为过去4年中的第二低位（图2-5和图2-6）。

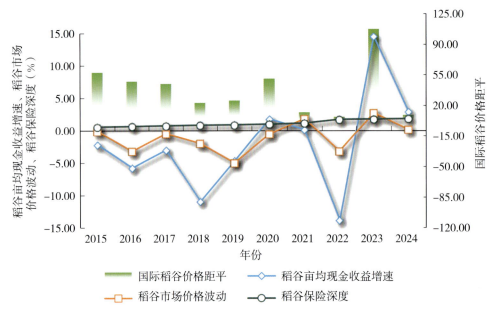

图2-6 过去十年我国稻谷市场运行形势评价指标值走势

（三）稻谷科技支撑能力

2015—2024年，我国稻谷科技支撑能力指数总体上运行在基本安全区间（指数平均分值87.40），安全程度呈现横盘整理的态势，波峰出现在2017年，分值为88.31，波谷出现在2022年，分值为86.64，落差值1.67个点（图2-7）。

图2-7 过去十年我国稻谷科技支撑能力指数走势

过去十年，得益于政策精准补贴育秧中心和智能装备，针对水田特性开发专用机械（如电动插秧机、智能收割机），进一步增强农艺—机械适配性，我国稻谷全要素生产率和耕种收综合机械化率实现稳步提升，分别从 2015 年的 1.02（2012 年设定为基期，值为 1.00）和 78.12％提高至 2024 年的 1.08 和 89.00％，从而避免稻谷科技支撑能力指数滑落到不安全区间。与此同时，主要受资源约束强化与技术瓶颈叠加的影响，我国稻谷单产增速总体呈下降趋势，从 2015 年的 1.15％迅速下降至 2024 年的 0.25％。特别是在 2016 年、2020 年和 2022 年更是出现负增长，减幅分别为 0.37％、0.21％和 0.47％，在一定程度上限制了指数跃升至安全区间。其间，2017 年我国种业权益改革释放科研活力，节水抗旱稻等新类型纳入审定体系，政策松绑与市场需求共振，稻谷新品种审定数量增速进一步提高到 54.38％，为过去十年的峰值，助推我国稻谷科技支撑能力指数相应攀升至过去十年最高位 88.31。由于 2021 我国提高了国家级稻品种审定门槛，并新增了多项指标，2022 年我国稻谷通过国家审定的品种数量增速由正转负（－13.52％），较 2021 年重挫 27.52 个百分点，我国稻谷科技支撑能力指数应声回调至过去十年最低位 86.64（图 2-7 和图 2-8）。

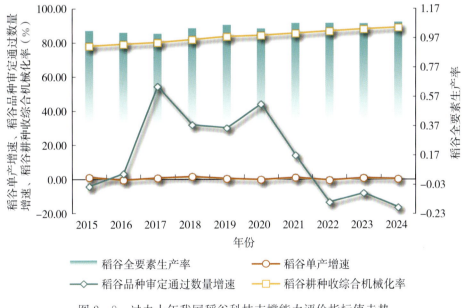

图 2-8　过去十年我国稻谷科技支撑能力评价指标值走势

（四）稻谷资源环境条件

2015—2024 年，我国稻谷资源环境条件指数总体上运行在基本安全区间（指数平均分值 86.11），安全程度呈现小幅震荡上升的走势，分值从 83.00 升至 89.53，上涨 6.53 个点（图 2-9）。

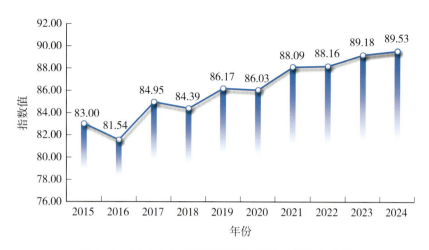

图 2-9 过去十年我国稻谷资源环境条件指数走势

过去十年我国稻谷品种结构优化调整加快，适当调减低质低效区水稻种植面积，增加优质水稻种植比例，使得稻谷播种面积增速总体呈下降趋势，特别是在 2016 年、2018 年、2019 年、2021 年、2022 年和 2023 年分别出现 0.12%、1.81%、1.64%、0.53%、1.57% 和 1.70% 的负增长，对资源环境条件指数上行有所拖累（图 2-10）。需要特别指出的是，过去十年我国通过政策调控强化约束，实现化肥农药双减量化，从源头上降低水稻种植过程的碳排放，同时推进绿色农机装备替代升级，减少柴油燃料碳排放，以及诸如在南方双季稻区推广"早稻—旱作"轮作，东北寒地稻区发展间歇灌溉技术，从技术层面进一步优化种植模式，最终实现生产每吨稻谷所排放的二氧化碳当量值从 2015 年 1 161.31 千

图 2-10 过去十年我国稻谷资源环境条件评价指标值走势

克下降至 2024 年 1 049.80 千克，降幅达到 9.60％。同期我国农作物整体受灾面积也从 21 769.8 千公顷减少到 10 090.00 千公顷，表明稻谷种植所面临的自然灾害风险等级有所下降，从处于中高风险（4.00 分）回落至中低风险（2.00 分）。总体而言，正是由于稻谷种植碳减排和防灾减灾效果显著，一定程度上抵消了稻谷播种面积总体呈现下滑趋势的不利影响，防止我国稻谷资源环境条件指数滑落到不安全区间（图 2-9 和图 2-10）。

三、2025 年稻谷产业安全态势预判

（一）稻谷产业安全程度波动风险度量

本报告根据我国 2014—2024 年稻谷产业安全指数以及基础保障水平等 4 个分项指数年度间波动率时间序列，拟合出基于正态分布的概率密度函数（表 2-5）。

表 2-5　稻谷产业安全指数波动率正态分布的均值和标准差

指数名称	均值	标准差
稻谷产业安全指数	0.009 5	0.020 2
基础保障水平指数	0.002 5	0.018 9
市场运行形势指数	0.009 5	0.027 5
科技支撑能力指数	0.000 2	0.008 0
资源环境条件指数	0.008 6	0.018 1

拟合结果表明，我国稻谷产业安全指数值波动率服从均值为 0.009 5，标准差为 0.020 2 的正态分布；基础保障水平指数值波动率服从均值为 0.002 5，标准差为 0.018 9 的正态分布；市场运行形势指数值波动率服从均值为 0.009 5，标准差为 0.027 5 的正态分布；科技支撑能力指数值波动率服从均值为 0.000 2，标准差为 0.008 0 的正态分布；资源环境条件指数值波动率服从均值为 0.008 6，标准差为 0.018 1 的正态分布。

（二）稻谷产业安全态势预判

1. 预计稻谷产业安全指数处于安全区间

2025 年，我国将持续加大稻谷生产支持力度，稻谷生产将实现面积、单产和总产"三增"，我国稻谷产业安全指数预计将在安全区间延续上行态势。基于蒙特卡罗仿真模拟结果显示：2025 年我国稻谷产业安全指数预计值低于 90 的概率为 0，代表

（续）

百分位	2025 年预测值
0.25	94.17
0.30	94.61
0.35	94.88
0.40	95.20
0.45	95.53
0.50	95.82
0.55	96.27
0.60	96.71
0.65	97.06
0.70	97.45
0.75	97.87
0.80	98.32
0.85	98.76
0.90	99.34
0.95	100.35

4. 预计稻谷科技支撑能力指数处于基本安全区间

2025 年，在政策"组合拳"持续作用下，我国稻谷单产水平和耕种收综合机械化率预计将继续稳中有升。不过考虑到稻作环节（如插秧、水肥管理）精细化要求远高于旱地作物，技术推广成本增加，同时稻区小农户占比超 80%，土地细碎化程度显著高于北方玉米带，稻谷全要素生产率进一步提升的空间较小，而稻谷品种审定通过数量短期内将难以实现大幅提升。综合研判，2025 年我国稻谷科技支撑能力指数仍将运行在基本安全区间。基于蒙特卡罗仿真模拟结果显示：2025 年我国稻谷科技支撑能力指数值高于 90 的概率为 0，代表平均值 50% 的百分位线为 86.81，较 2024 年（86.77）稳中略升（表 2-9）。

表 2-9　2025 年我国稻谷科技支撑能力指数模拟预测值

百分位	2025 年预测值
0.05	85.71
0.10	85.92
0.15	86.10
0.20	86.26
0.25	86.37

（续）

百分位	2025 年预测值
0.30	86.49
0.35	86.56
0.40	86.64
0.45	86.73
0.50	86.81
0.55	86.93
0.60	87.05
0.65	87.14
0.70	87.24
0.75	87.35
0.80	87.47
0.85	87.59
0.90	87.74
0.95	88.02

5. 预计稻谷资源环境条件指数有望跃上安全区间

2025 年，作为政策市特征明显的品种，稻谷种植面积有望进一步得到恢复增长；同时随着绿色技术、生物技术等创新发展和加速推广，水稻品种及品质结构将得到持续优化，稻谷碳排放量预计仍有进一步下降的空间。水稻在我国的分布很广，主要有六大稻区，虽然近年来随着农业防灾减灾整体能力建设的持续加强，水稻种植所面临的自然灾害风险等级整体趋于下降，但也不能完全排除部分主产区会遭受极端天气冲击。综合研判，2025 年我国稻谷资源环境条件指数跃上安全区间的可能性较大，但仍有徘徊在基本安全区间的可能。基于蒙特卡罗仿真模拟结果显示：2025 年我国稻谷资源环境条件指数预测值超过 90 的概率达到 59%，代表平均值 50% 的百分位线为 90.35，较 2024 年（89.53）有所提升（表 2-10）。

表 2-10　2025 年我国稻谷资源环境条件指数模拟预测值

百分位	2025 年预测值
0.05	87.77
0.10	88.28
0.15	88.70
0.20	89.06
0.25	89.33

（续）

百分位	2025 年预测值
0.30	89.60
0.35	89.77
0.40	89.97
0.45	90.17
0.50	90.35
0.55	90.63
0.60	90.91
0.65	91.12
0.70	91.36
0.75	91.62
0.80	91.90
0.85	92.18
0.90	92.54
0.95	93.17

第三章 小麦产业安全评估

2024年我国小麦产业安全指数在安全区间继续上行，再创历史新高。预计2025年，我国小麦产业安全指数仍将运行在安全区间。

一、2024年小麦产业安全态势判断

2024年我国小麦产业安全总指数为97.56，较2023年增长1.65个点，继续处于安全区间。

从分项指数看，基础保障水平指数和购买力水平指数继续处于安全区间，指数分值分别达到97.58和99.85，较2023年增长2.71和0.78个点，增幅为2.86％和0.79％。市场运行形势指数由基本安全区间反弹至安全区间，指数分值为90.25，较2023年增长2.05个点，增幅达到2.33％。科技支撑能力指数和资源环境条件指数则继续运行在基本安全区间，其中科技支撑能力指数分值为87.28，较2023年下降1.31个点，降幅为1.48％；资源环境条件指数分值为89.52，较2023年增加0.15个点，增长0.16％（图3-1）。

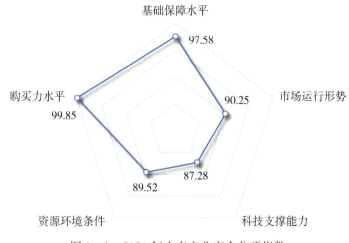

图3-1　2024年小麦产业安全分项指数

一是基础保障水平持续提升。2024 年我国小麦总产量达到创记录的 14 009.90 万吨，较 2023 年增长 350.90 万吨（增幅 2.57％），推动小麦人均占有量上升到 99.48 千克，较 2023 年提高 2.67％。2024 年我国小麦食用消费受人口结构等因素影响有所下降，同时由于玉米价格下滑，小麦饲用替代优势不明显，小麦饲用消费量减少，加之本年度小麦品质较好，进入酒精、制胶等领域的工业消费量也有所降低。国家粮油信息中心监测显示，2024 年面粉加工企业平均开工率约为 42％，同比下降约 2.7 个百分点。2024 年我国小麦市场整体呈现供大于求态势使得小麦自给率和库存消费比均有所上升，分别增至 108.60％和 107.69％，较 2023 年增长 5.75 和 5.21 个百分点。需要特别指出的是，虽然出于对不同品种补充和调剂的刚性需求，2024 年我国小麦进口量仍突破千万吨大关，达到 1 118.00 万吨，但较 2023 年下降了 7.60 个百分点；2024 年我国小麦主要进口来源国是澳大利亚、加拿大和法国，进口集中度 CR3 为 65.27％，较 2023 年大幅下降 22.83 个百分点（表 3－1）。

表 3－1　2023—2024 年小麦基础保障水平评价指标值

年份	小麦自给率	小麦人均占有量	小麦库存消费比	小麦进口集中度
2023	102.85％	96.90 千克	102.48％	88.10％
2024	108.60％	99.48 千克	107.69％	65.27％

二是市场运行形势明显好转。2024 年我国小麦完全成本保险和种植收入保险政策全面落地，特别是适度规模经营农户和小农户均被纳入保障范围，从而进一步提振小麦保险深度上升至 1.70％，较 2023 年增长 0.08 个百分点。2024 年我国小麦整体供大于求，尽管有小麦最低收购价"托底"支撑，全年小麦市场价格从"急跌"到"缓降"，但最终还是未能扭转跌势，价格始终处于下行通道，我国小麦年度间市场价格波动率为－8.15％，较 2023 年（0.63％）下降 8.78 个百分点。2024 年我国小麦生产成本基本持平，同时小麦单产达到 396.00 千克/亩，较 2023 年每亩增加 10.60 千克，但受价格下行影响，我国小麦亩均现金收益增速仍未转正，为－5.00％，不过较 2023 年（－42.51％）回升了 37.51 个百分点。值得关注的是，2024 年全球小麦主产国产情良好、供应充足，在很大程度上抵消俄乌冲突等因素造成的溢价，国际小麦市场价格总体震荡走低，价格距平为 10.07 美元/吨，较 2023 年大幅收窄 87.32％（表 3－2）。

表 3－2　2023—2024 年小麦市场运行形势评价指标值

年份	小麦年度间市场价格波动率	国际小麦价格距平	小麦保险深度	小麦亩均现金收益增速
2023	0.63%	79.41 美元/吨	1.62%	−42.51%
2024	−8.15%	10.07 美元/吨	1.70%	−5.00%

三是科技支撑能力基本稳定。2024 年农业农村部启动小麦大面积单产提升三年行动，针对小麦单产提升各项关键要素，多措并举将我国小麦单产水平提高至396.00 千克/亩，单产增速迅速止跌回升为 2.74%。机械化是单产提升行动的重要抓手，2024 年我国更加注重小麦耕种收全流程、全链条的技术集成和广泛应用，特别是在"三夏"麦收期间，各地共计投入联合收割机 60 多万台，连续 16 天实现机收面积超过 1 000 万亩，共同推动小麦耕种收综合机械化率进一步提高到 98.00%。2024年我国小麦全要素生产率相应也提升到 1.14（2012 年设定为基期，值为 1.00），较2023 年提高 2.70%。值得注意的是，由于政策面引导审定方向开始趋于关注小麦品种的抗逆性（如抗倒伏、抗干热风）同时聚焦本地化适应性，减少"广适性低效品种"的审定比例，加之国内小麦种业市场相对饱和、同质化竞争加剧，企业研发动力略显不足，使得 2024 年全国小麦品种国家审定（含国审和省审）通过数量下滑至528 个，较 2023 年减少 121 个，降幅达到 18.64%（表 3－3）。

表 3－3　2023—2024 年小麦科技支撑能力评价指标值

年份	小麦单产增速	小麦品种审定通过数量增速	小麦耕种收综合机械化率	小麦全要素生产率
2023	−1.28%	34.09%	97.80%	1.11
2024	2.74%	−18.64%	98.00%	1.14

四是资源环境条件持续改善。2024 年国内玉米价格始终处于下跌通道拉低小麦饲用替代需求，加之小麦进口量连续两年超 1 000 万吨，对农户种植积极性有所影响，使得我国小麦播种面积回调至 23 587.40 千公顷，较 2023 年减少 39.80 千公顷，降幅为 0.17%。2024 年我国农作物主产区气象条件相对适宜，加之防灾减灾能力的提升，农作物整体受灾面积为 10 090.00 千公顷，表明小麦种植所面临的自然灾害风险等级与 2023 年持平，处于中低风险区域（2.00 分）。与此同时，通过机收减损与精准作业，有效降低燃料浪费并减少小麦收获环节的损耗及后续碳排放，同时高效滴灌、水肥一体化等技术减少了水资源和能源消耗（如抽水用电）也间接降低了小麦生产的碳足迹，2024 年我国生产每吨小麦排放的二氧化碳量当量进一步降至 430.71 千克，比 2023 年减少 4.92 千克，降幅为 1.13%（表 3－4）。

吨），尤其是得益于 2024 年我国小麦产量首次突破 14 000 万吨，使得小麦供需格局再次宽松。我国小麦自给率、人均占有量和库存消费比连续 2 年上升，同期进口集中度小幅提高后大幅下降，共同推动我国小麦基础保障水平指数实现连续两年强劲反弹并最终攀至过去十年最高水平 97.58（图 3-3 和图 3-4）。

（二）小麦市场运行形势

2015—2024 年，我国小麦市场运行形势指数总体上呈现震荡上行走势，分值从 85.42 增至 90.25，增幅为 4.83 个点，除 2021 年和 2024 年处于安全区间，其余年份均运行在基本安全区间，指数平均分值为 88.10（图 3-5）。

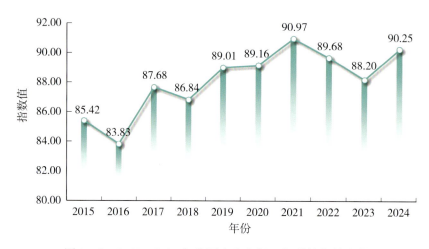

图 3-5　2015—2024 年我国小麦市场运行形势指数走势

过去十年，我国小麦保险从单一物化成本险演进为"完全成本＋收入保险"双轨体系，同时保费补贴结构持续优化，有效激发基层实施积极性，小麦保险深度从 2015 年的 0.50％迅速提高至 2024 年的 1.70％，从而为我国小麦市场运行形势指数整体上处于上升趋势提供有效底部支撑。其间，国际小麦价格距平较为平缓，但亩均现金收益增速以及年度间小麦市场价格波动率波动较大。2016 年，由于国内小麦主产区出现极端气候灾害，致使小麦产量和质量均有不同程度的下降，年度间小麦市场价格波动率和亩均现金收益增速分别进一步降至－5.07％和－16.08％。2018 年由于我国小麦质量欠佳，同时进口小麦总体上对我国优质小麦形成一定压力，年度间小麦市场价格波动率和亩均现金收益增速由正转负，回落至－0.12％和－32.56％。2022 年，在俄乌冲突、美元加息升值、极端自然灾害和新冠疫情蔓延等多重因素轮番叠加冲击下，国际小麦市场价格创历史新高，导致价格距平飙升至 168.95 美元/吨。2023 年，由于"烂场雨"导致全国每亩小麦减产约 5.20 千克加之小麦价格相对疲软以及种植成本抬升，小麦亩均现金收益增速大幅下降为－42.51％。受此影响，小麦市场运行形势指数分值在上述年份分别下降 1.59、0.84、1.29 和 1.48 个点，下滑至 83.83、86.84、89.68 和 88.20。需要特别指出的是，2021 年我国进一步加大对小麦生产的支持力度，将小麦最低收购价提高至 2.26 元/千克，较上年提高 0.02 元/千克，稳定市场预期，同时积极实施储备吞吐、产销衔接等多样而有力的调控手段，年度间小麦市场价格波动率和小麦亩均现金收益增速提高至 5.44％和 27.80％，我国小麦市场运行指数迅速攀至安全区间，分值为 90.97，处于过去十年中最高位置（图 3-5 和图 3-6）。

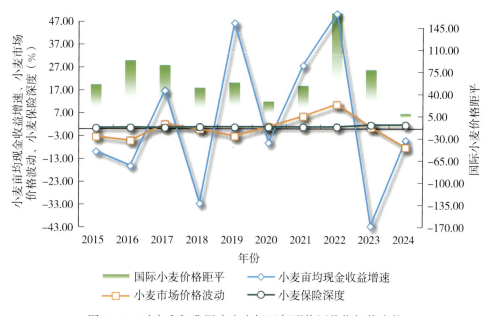

图 3-6　过去十年我国小麦市场运行形势评价指标值走势

（三）小麦科技支撑能力

2015—2024 年，我国小麦科技支撑能力指数总体上处于基本安全区间（指数平均分值为 88.02），安全程度呈现横盘小幅震荡整理特征，指数运行波峰出现在 2021 年（89.73），波谷出现在 2022 年（87.11），落差值为 2.62 个点（图 3-7）。

过去十年，我国农机购置补贴等政策支持体系日趋完善，有效推动高性能农机装备持续升级、智能化作业系统广泛部署，小麦耕种收综合机械化率从 2015 年的 93.66％稳步提高到 2024 年的 98.00％。与此同时，我国通过建立覆盖全产业链的技术服务体系，充分发挥技术集成创新形成的叠加效应，实现小麦单产大幅提升，由 359.51 千克/亩提升至 396.00 千克/亩，十年间每亩小麦单产提升 36.49 千克，增幅达到 9.53％，小麦全要素生产率也从 1.02（2012 年设定为基期，值为 1.00）提高至

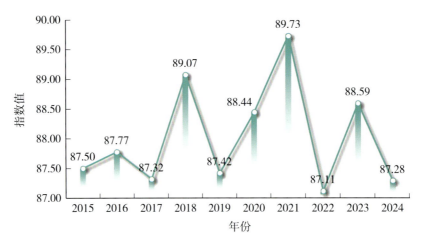

图 3-7 2015—2024 年我国小麦科技支撑能力指数走势

1.14。不难发现，2015—2024 年我国小麦耕种收综合机械化率持续提升，同时小麦单产增速和全要素生产率除个别年份外总体呈现增长态势，为小麦科技支撑能力指数分值相对平稳运行奠定了基础。值得关注的是，受小麦品种审定标准优化、市场竞争引导品种迭代等诸多因素叠加影响，我国小麦品种审定（含国审和省审）通过数量在 2017 年（－3.23％）、2019 年（－11.62％）、2022 年（－25.08％）和 2024 年（－18.64％）均出现下滑。受此影响，小麦科技支撑能力指数分值在上述年份分别回调 0.45、1.65、2.62 和 1.31 个点，下滑至 87.32、87.42、87.11 和 87.28。2021年小麦品种审定（含国审和省审）通过数量增速达到 73.66％，直接推动我国小麦科技支撑能力指数分值攀至 89.73，达到过去十年间最高位置（图 3-7 和图 3-8）。

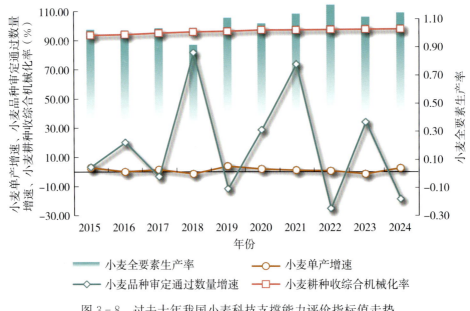

图 3-8 过去十年我国小麦科技支撑能力评价指标值走势

（四）小麦资源环境条件

2015—2024 年，我国小麦资源环境条件指数整体处于基本安全区间（指数平均分值 86.80），安全程度呈现小幅波动上行特征，分值从 83.82 提高至 89.52，增幅为 6.80％。其间，虽然指数分别在 2016 年、2018 年和 2022 年出现 3 次回调，但整体幅度相对较小（图 3-9）。

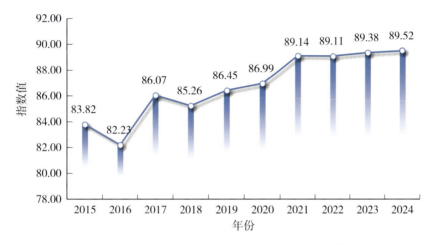

图 3-9　2015—2024 年我国小麦资源环境条件指数走势

过去十年，受农业供给侧结构性改革、优化粮食种植结构、低质低效小麦向优质强筋麦转型的区域布局影响，我国小麦播种面积整体呈波动式下降态势，从 24 566.90 千公顷调减到 23 587.40 千公顷，幅度达到 979.50 千公顷。特别是 2017—2020 年，小麦播种面积继续 4 年负增长，增速分别为 -0.76％、-0.87％、-2.22％和 -1.47％，而 2022 年和 2024 年小麦播种面积均在经历仅仅 1 年恢复增长后又再次出现回调，降幅分别为 -0.21％和 -0.17％，这在很大程度上给我国小麦资源环境条件指数的上行带来压力。与此同时，虽然同期我国农作物整体受灾面积从 24 890.70 千公顷减少到 10 090.00 千公顷，表明小麦种植所面临的自然灾害风险等级有所下降，但 2016 年和 2018 年我国小麦种植所面临的自然灾害风险等级却反弹至高风险（5.00 分）和中高风险（4.00 分）。受此影响，我国小麦资源环境条件指数分别回调至 82.23 和 85.26，较 2015 年和 2017 年分别下降 1.59 和 0.81 个点。需要特别指出的是，得益于精准施肥与低碳投入技术推广应用、种植模式调整以及区域布局集约化，我国生产每吨小麦排放的二氧化碳当量已由 2015 年的 516.04 千克减少至 2024 年的 430.71 千克，十年间减少了 85.33 千克，降幅为 16.54％，从而有效支撑我国小麦资源环境条件指数始终保持在基本安全区间且呈现上行的走势（图 3-9 和图 3-10）。

图 3-10　过去十年我国小麦资源环境条件评价指标值走势

三、2025 年小麦产业安全态势预判

（一）小麦产业安全程度波动风险度量

本报告根据我国 2015—2024 年小麦产业安全以及基础保障水平等 4 个分项指数年度间波动率时间序列，拟合出基于正态分布的概率密度函数（表 3-5）。

表 3-5　小麦产业安全指数波动率正态分布的均值和标准差

指数名称	均值	标准差
小麦产业安全指数	0.010 0	0.015 7
基础保障水平指数	0.006 3	0.014 7
市场运行形势指数	0.006 4	0.023 0
科技支撑能力指数	−0.000 1	0.017 6
资源环境条件指数	0.007 5	0.019 3

注：小麦购买力水平指数波动率正态分布的均值和标准差与粮食一致。

拟合结果表明，我国小麦产业安全指数值波动率服从均值为 0.010 0，标准差为 0.015 7 的正态分布；基础保障水平指数值波动率服从均值为 0.006 3，标准差为 0.014 7 的正态分布；市场运行形势指数值波动率服从均值为 0.006 4，标准差为 0.023 0 的正态分布；科技支撑能力指数值波动率服从均值为 −0.000 1，标准差为 0.017 6 的正态分布；资源环境条件指数值波动率服从均值为 0.007 5，标准差为

0.019 3 的正态分布。

（二）小麦产业安全态势预判

1. 预计小麦产业安全指数继续处于安全区间

2025 年，伴随着新一轮千亿斤粮食产能提升行动全面推进，以及同时启动实施中央统筹下的粮食产销区省际横向利益补偿和粮油种植专项贷款贴息试点，预计我国小麦产业安全指数将继续运行在安全区间。基于蒙特卡罗仿真模拟的结果显示：2025 年我国小麦产业安全指数预测值低于 90 的概率为 0，低于 96.14 的概率仅为 5%，代表平均值 50% 的百分位线为 98.58，较 2024 年（97.56）稳步提升（表 3-6）。

表 3-6　2025 年我国小麦产业安全指数模拟预测值

百分位	2025 年预测值
0.05	96.14
0.10	96.62
0.15	97.02
0.20	97.36
0.25	97.61
0.30	97.87
0.35	98.03
0.40	98.22
0.45	98.41
0.50	98.58
0.55	98.85
0.60	99.11
0.65	99.31
0.70	99.54
0.75	99.79
0.80	100.05
0.85	100.31
0.90	100.65
0.95	101.25

2. 预计小麦基础保障指数继续运行在安全区间

2025 年，我国小麦播种面积稳中有固，单产水平基本持平，总产量延续稳定态势。虽然小麦制粉消费将继续向好，饲用消费也有所增长，小麦总需求将有所提升，但供需面整体仍相对宽松。我国人均占有量、自给率以及库存消费比将稳中有升。同时从进口看，在我国小麦连年丰收、国内外价差不断缩减的背景下，进口规模将大幅缩减。综合研判，2025 年我国小麦基础保障水平指数将稳定在安全区间。基于蒙特卡罗仿真模拟的结果显示：2025 年我国小麦基础保障水平指数预测值低于 90 的概率为 0，低于 95.95 的概率仅为 5%，代表平均值 50% 的百分位线为 98.24，较 2024 年（97.58）有所增长（表 3-7）。

表 3-7 2025 年我国小麦基础保障水平指数模拟预测值

百分位	2025 年预测值
0.05	95.95
0.10	96.40
0.15	96.78
0.20	97.09
0.25	97.33
0.30	97.57
0.35	97.72
0.40	97.90
0.45	98.08
0.50	98.24
0.55	98.49
0.60	98.73
0.65	98.92
0.70	99.13
0.75	99.36
0.80	99.61
0.85	99.86
0.90	100.17
0.95	100.73

3. 预计小麦市场运行形势指数或将继续处于安全区间

2025 年，我国小麦最低收购价政策由"一年一定"改为"两年一定"，价格水平每斤较 2024 年提高 1 分钱至 1.19 元（国标三等），将对小麦市场运行形成"底部支撑"。考虑到 2025 年小麦面筋含量高，品质普遍好于上年，需求拉动收购量增加，预计新麦购销市场将趋于活跃，从而有效提振全年市场价格。而产粮大县农业保险县级保费补贴承担比例降低将扩大小麦完全成本保险和种植收入保险投保面积，也将推动小麦保险深度稳中有升，同时确保小麦亩均现金收益基本稳定。综合研判，2025 年我国小麦市场运行形势指数或将继续处于安全区间。基于蒙特卡罗仿真模拟的结果显示：2025 年我国小麦供给保障水平指数预测值高于 90 的概率为 68%，代表平均值 50% 的百分位线为 90.89，较 2024 年（90.25）稳中有增（表 3 - 8）。

表 3 - 8　2025 年我国小麦市场运行形势指数模拟预测值

百分位	2025 年预测值
0.05	87.57
0.10	88.22
0.15	88.77
0.20	89.23
0.25	89.57
0.30	89.92
0.35	90.14
0.40	90.39
0.45	90.65
0.50	90.89
0.55	91.25
0.60	91.60
0.65	91.87
0.70	92.18
0.75	92.52
0.80	92.88
0.85	93.23
0.90	93.69
0.95	94.50

4. 预计小麦科技支撑能力指数依然运行在基本安全区间

2025 年，在技术和政策双轮驱动下，我国小麦耕种收综合机械化率有望再创新高，同时小麦大面积单产提升发力将成为小麦科技支撑能力指数实现平稳运行的"托底"力量。不过考虑到小麦品种审定（含国审和省审）通过数量短期内难以大幅提升，同时由于种植成本抬升、效益偏低等因素制约，我国小麦全要素生产率提升的空间相对有限，指数跃上安全区间的动力略显不足。综合研判，2025 年我国小麦科技支撑能力指数大概率仍将运行在基本安全区间。基于蒙特卡罗仿真模拟的结果显示：

2025 年我国小麦市场运行形势指数预测值低于 90 的概率高达 95%，代表平均值 50% 的百分位线为 87.32，较 2024 年（87.28）基本持平（表 3－9）。

表 3－9 2025 年我国小麦科技支撑能力指数模拟预测值

百分位	2025 年预测值
0.05	84.86
0.10	85.34
0.15	85.75
0.20	86.09
0.25	86.35
0.30	86.61
0.35	86.76
0.40	86.95
0.45	87.15
0.50	87.32
0.55	87.59
0.60	87.85
0.65	88.05
0.70	88.28
0.75	88.53
0.80	88.79
0.85	89.06
0.90	89.40
0.95	90.00

5. 预计小麦资源环境条件指数或将突破至安全区间

2025 年，政策面暖风频吹确保我国小麦播种面积基本稳定，推进高标准农田建设和提升病虫害绿色防控覆盖率则为有助于进一步压缩生产每吨小麦排放的二氧化碳当量。虽然河南、安徽、陕西等局地出现不同程度的干旱天气，但影响较为有限，我国小麦种植所面临的自然灾害风险等级总体趋于下降，从而共同为资源环境条件指数上行提供动力。综合判断，2025 年我国小麦资源环境条件指数大概率有望突破至安全区间。基于蒙特卡罗仿真模拟的结果显示：2025 年我国小麦市场运行形势指数预测值高于 90 的概率达到 56%，代表平均值 50% 的百分位线为 90.24，较 2024 年（89.52）有所提高（表 3－10）。

表 3 - 10　2025 我国小麦资源环境条件指数模拟预测值

百分位	2025 年预测值
0.05	87.49
0.10	88.02
0.15	88.48
0.20	88.86
0.25	89.15
0.30	89.44
0.35	89.62
0.40	89.83
0.45	90.05
0.50	90.24
0.55	90.55
0.60	90.84
0.65	91.07
0.70	91.33
0.75	91.61
0.80	91.91
0.85	92.20
0.90	92.58
0.95	93.26

第四章　玉米产业安全评估

2024 年我国玉米产业安全指数在安全区间冲高回落，处于过去十年第 3 高位。预计 2025 年，我国玉米产业安全指数将稳中有升，继续运行在安全区间。

一、2024 年玉米产业安全态势判断

2024 年我国玉米产业安全总指数为 91.89，较 2023 年下降 2.82 个点，但仍处于安全区间。

从分项指数看，除购买力水平指数（99.85）[①] 处于安全区间之外，2024 年我国玉米基础保障水平、市场运行形势、科技支撑能力和资源环境条件指数均运行在基本安全区间。其中，基础保障水平和市场运行形势指数分值为 89.09 和 85.12，较 2023 年分别降低 4.07 和 3.98 个点，降幅达 4.37％和 4.47％；科技支撑能力和资源环境条件指数分值为 87.39 和 89.57，较 2023 年分别增加 0.13 和 0.24 个点，增幅为 0.15％和 0.27％（图 4-1）。

一是基础保障水平大幅下降。2024 年我国玉米播种面积进一步恢复到 44 740.70 千公顷，同时玉米单产水平进一步提高至 439.45 千克/亩，玉米总产量再创历史新高，达到 29 491.70 万吨，较 2023 年增长 607.50 万吨，使得我国玉米人均占有量进一步上升到 209.42 千克，比 2023 年增长 2.20％。值得关注的是，虽然 2024 年我国猪肉产量 5 706.00 万吨，较 2023 年下降 1.50％，但全年猪牛羊禽肉产量合计达到 9 663.00 万吨，同比仍增长 0.20％，特别是伴随着国内玉米价格下跌，小麦饲用替代优势下降，玉米饲用消费总体呈稳中有升态势。同时国内玉米价格弱势运行也推动淀粉、酒精等玉米深加工消费明显回升。受此影响，2024 年我国玉米自给率和库存

[①] 玉米购买力水平指数等同于粮食（详见第一章）。

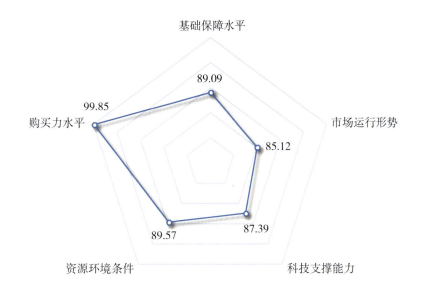

图 4-1　2024 年我国玉米产业安全分项指数

消费比分别下滑至 93.91％ 和 47.86％，较 2023 年分别下降 10.90 和 21.49 个百分点。此外，2024 年我国玉米前三大进口来源国仍然为巴西、乌克兰和美国，进口量已回落至 1 364 万吨（超 720 万吨关税配额），但进口集中度 CR3 却不降反升，较 2023 年提高 0.15 个百分点，达到 94.12％（表 4-1）。

表 4-1　2023—2024 年玉米基础保障水平评价指标值

年份	玉米自给率	玉米人均占有量	玉米库存消费比	玉米进口集中度
2023	104.81％	204.90 千克	69.35％	93.97％
2024	93.91％	209.42 千克	47.86％	94.12％

二是市场运行形势明显承压。2024 年我国将玉米完全成本保险和种植收入保险的实施范围扩大至全国，标志着玉米保险从传统"保物化成本"向"覆盖收入风险"升级，同时优化财政补贴结构、完善风险分散机制，进一步提振玉米保险深度至1.54％，较 2023 年提高 0.18 个百分点。需要指出的是，2024 年美国、巴西等玉米主产国再次增产，国际市场供应宽松局面持续加剧，国际玉米价格大幅下跌，导致玉米价格距平绝对值飙升至 125.90 美元/吨，较 2023 年扩大 79.30 美元/吨。由于我国自 2020 年起连续 5 年玉米进口量超过配额，2023 年进口量达到 2 713 万吨，2024 年进口量仍维持在 1 364 万吨的高位，国际玉米价格大幅下滑通过进口传导，引发国内市场看跌预期。尽管 2024 年国内玉米供需偏紧，多空博弈最终致使国内玉米价格略显疲态，年度间玉米市场价格波动率为－5.41％，并且拖累年度间玉米亩均现金收益增速继 2017 年以来首次转负（－13.00％）（表 4-2）。

表 4-2 2023—2024 年玉米市场运行形势评价指标值

年份	玉米年度间市场价格波动率	国际玉米价格距平	玉米保险深度	玉米年度间亩均现金收益增速
2023	−6.12%	46.60 美元/吨	1.36%	1.54%
2024	−5.41%	125.90 美元/吨	1.54%	−13.00%

三是科技支撑能力稳中有升。 2024 年我国接续实施玉米单产提升工程，重点支持耐密植品种推广、高产技术模式推广及整县域应用示范。总的看，工程县项目区亩产比非项目区提高 26.8%，从而有效推动全国玉米每亩单产较 2023 年增加了 3.98 千克，达到 439.45 千克/亩，增速为 0.91%。与此同时，伴随着农机购置与应用补贴支持力度的不断加大、高标准农田建设和改造提升的持续推进，通过突出"良田良种良机良法"相互融合，2024 年我国玉米耕种收综合机械化率和全要素生产率分别提升至 92.00% 和 1.08（2012 年设定为基期，值为 1.00）。不过值得关注的是，由于受国家新版玉米品种审定标准提高的持续影响，加之玉米推广面积前十的品种（如裕丰 303、郑单 958 等）集中度进一步提升，头部企业通过优化种质资源和技术路线压缩低效品种研发，2024 年通过审定（国家级和省级）的玉米品种数量，虽然较 2023 年（−5.44%）下行态势有所减缓，但整体仍呈下滑态势，减幅为 1.53%（表 4-3）。

表 4-3 2023—2024 年玉米科技支撑能力评价指标值

年份	玉米单产增速	玉米品种审定通过数量增速	玉米耕种收综合机械化率	玉米全要素生产率
2023	1.49%	−5.44%	91.70%	1.07
2024	0.91%	−1.53%	92.00%	1.08

四是资源环境条件持续改善。 2024 年黑龙江省通过实施"粮改饲"补贴政策，提高青贮玉米种植补贴至每亩 300 元，鼓励农民将低产大豆田转换为青贮玉米田，从而使得全省玉米种植面积较上年增加约 333.33 千公顷；河南省则积极推广"玉米＋大豆带状复合种植"模式，在不减少大豆种植面积的同时增加 133.33 千公顷玉米种植面积。不难发现，2024 年玉米继续成为政策面重点倾斜作物，播种面积得以稳中有增，恢复至 44 740.70 千公顷，较 2023 年增加 521.80 千公顷，增幅为 1.18%。2024 年我国农作物主产区气象条件相对适宜，加之防灾减灾能力的提升，农作物整体受灾面积为 10 090.00 千公顷，表明玉米种植所面临的自然灾害风险等级与 2023 年持平，处于中低风险区域（2.00 分）。与此同时，伴随着智能农机精准化、耐密品种规模化以及灌溉技术低碳化，2024 年我国生产每吨玉米排放的二氧化碳当量进一

步降至 289.25 千克，比 2023 年减少 10.12 千克，降幅为 3.38%（表 4-4）。

表 4-4 2023—2024 年玉米资源环境条件评价指标值

年份	玉米播种面积增速	生产每吨玉米排放的二氧化碳当量	玉米生产面临自然灾害风险等级
2023	2.67%	299.37 千克	2.00 分
2024	1.18%	289.25 千克	2.00 分

二、过去十年玉米产业安全趋势演变

过去十年我国玉米产业总体上处于安全区域（指数平均分值 91.31），安全程度呈现震荡小幅上行走势，分值从 90.47 升至 91.89，上涨 1.42 个点。其间，玉米产业安全指数分别在 2016 年、2018 年、2022 年和 2024 年经历了 4 次回调，特别是 2016 年，玉米产业安全指数分值较 2015 年下挫 2.51 个点，滑落至 87.96，处于基本安全区间（图 4-2）。

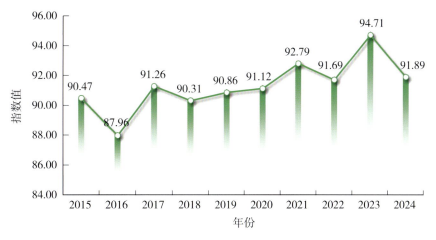

图 4-2 过去十年我国玉米产业安全指数走势

（一）玉米基础保障水平

2015—2024 年，我国玉米基础保障水平指数总体上仍运行在安全区域（平均分值 90.39），但安全程度呈现先快速下行、后波动调整"两阶段"走势特征，分值从 95.02 降至 89.09，降幅达到 5.93 个点（图 4-3）。

过去十年，我国玉米供需整体由相对宽松到"紧平衡"。2015—2020 年，我国"镰刀弯"地区玉米结构调整使得玉米播种面积逐年收缩、总产量波动下行，但同期

数值为 −14.27％和 −34.75％，2020 年达到 8.72％和 48.92％，2021 年则进一步达到 23.44％和 13.60％，从而确保玉米市场运行形势指数从基本安全区间跃升至安全区间，分值分别为 91.29 和 91.40。2022 年以来，伴随着年度间玉米市场价格波动率和亩均现金收益增速大幅下降，同时叠加国际玉米价格距平两次大幅波动，我国玉米市场运行形势指数两次承压回落，指数分值分别为 85.57（2022 年）和 85.12（2024 年）（图 4-5 和图 4-6）。

图 4-6　过去十年我国玉米市场运行形势评价指标值走势

（三）玉米科技支撑能力

2015—2024 年，我国玉米科技支撑能力整体运行在基本安全区间（指数平均分值 87.72），安全程度呈现"U"形曲线震荡整理特征，指数运行波峰出现在 2017 年（89.47），波谷出现在 2016 年（86.42），落差值 3.05 个点（图 4-7）。

过去十年，得益于政策、技术、服务体系和设施升级协同作用，我国玉米全要素生产率和耕种收综合机械化率实现稳步提升，分别从 2015 年的 0.97（2012 年设定为基期，值为 1.00）和 81.21％提高至 2024 年的 1.08 和 92.00％，从而避免玉米科技支撑能力指数滑落到不安全区间。2017 年我国玉米单产较 2016 年增加 9.54 千克，达到每亩 407.35 千克，增幅为 2.40％，同时受 2011 年国务院发布《关于加快推进现代农作物种业发展的意见》（国发〔2011〕8 号）持续提振，玉米新品种审定数量增速进一步提高到 95.07％，共同推动我国玉米科技支撑能力指数分值攀升至过去十年

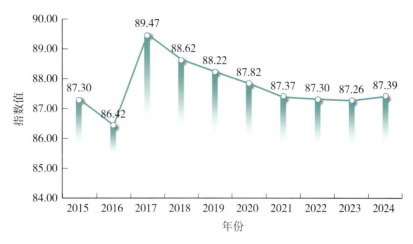

图4-7　过去十年我国玉米科技支撑能力指数走势

峰值89.47，距离安全区间仅一步之遥。2018年以来，受玉米迭代品种减缓和国家新版玉米品种审定标准提高的持续影响，国家和省级审定玉米新品种数量增速逐渐收窄，并且自2022年起连续3年为负（－0.36%、－5.44%和－1.53%）。与此同时，由于2018年我国玉米东北主产区遭受严重旱灾、2020年东北主产区连续遭受3次台风冲击、2021年全国一些土壤肥力或灌溉条件较差地区扩大玉米种植面积（较2020年面积扩大超过3 000万亩），上述年份玉米单产增速分别下降到－0.10%、0.00%和－0.41%，从而导致过去十年我国玉米单产水平增速总体呈现波动下滑趋势，最终拖累玉米科技支撑能力指数上行，使其始终徘徊在基本安全区间（图4-7和图4-8）。

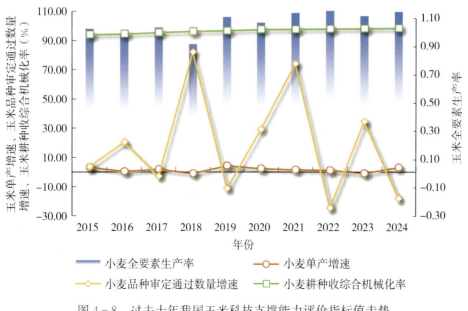

图4-8　过去十年我国玉米科技支撑能力评价指标值走势

（四）玉米资源环境条件

2015—2024年，我国玉米资源环境条件同样整体处于基本安全区间（指数平均分值86.94），安全程度呈现先波动快速上行、后横盘整理"两阶段"走势特征，分值从83.42升至89.57，上涨6.15个点（图4-9）。

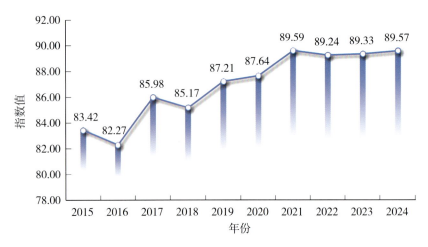

图4-9 过去十年我国玉米资源环境条件指数走势

过去十年，我国玉米播种面积总体呈先降后升的波动走势。2016—2020年"镰刀弯"地区玉米结构调整导致我国玉米播种面积连续5年下滑，调减幅度分别为1.76%、4.03%、0.63%、2.01%和0.06%；2022年，受大力实施大豆和油料产能提升工程影响（2021年"两稳一增"转变为2022年"两稳两扩"），玉米种植面积在恢复上升过程中再次出现回调，较2021年下降0.59%。不可否认，我国玉米播种面积的波动对玉米资源环境条件指数上行有所拖累，特别是在2016年、2018年和2022年分别回调1.15、0.81和0.35个点。不过得益于部分节肥节水节药、抗旱、抗病虫、养分高效品种大面积推广应用，以及玉米生产机械化程度快速提升，我国生产每吨玉米所排放的二氧化碳当量值已从2015年410.85千克下降至2024年289.25千克，降幅达到29.60%；同期我国农作物整体受灾面积也从21 769.80千公顷减少到10 090.00千公顷，表明玉米种植所面临的自然灾害风险等级有所下降，从处于中高风险（4.00分）回落至中低风险（2.00分）。总体而言，正是由于玉米种植碳减排和防灾减灾效果显著，一定程度上抵消了玉米播种面积波动的不利影响，确保我国玉米资源环境条件指数始终运行在基本安全区间（图4-9和图4-10）。

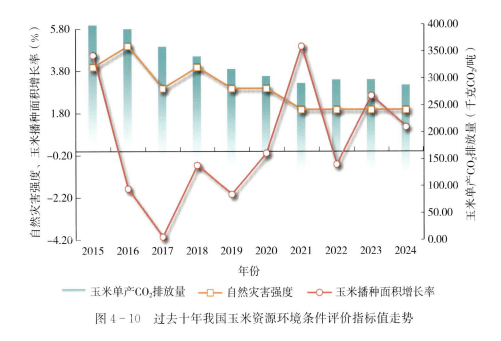

图 4 - 10　过去十年我国玉米资源环境条件评价指标值走势

三、2025 年玉米产业安全态势预判

（一）玉米产业安全程度波动风险度量

本报告根据我国 2014—2024 年玉米产业安全指数以及基础保障水平等 4 个分项指数年度间波动率时间序列，拟合出基于正态分布的概率密度函数（表 4 - 5）。

表 4 - 5　玉米产业安全指数波动率正态分布的均值和标准差

指数名称	均值	标准差
玉米产业安全指数	0.002 0	0.024 4
基础保障水平指数	−0.006 9	0.025 1
市场运行形势指数	0.000 0	0.036 4
科技支撑能力指数	0.000 2	0.013 7
资源环境条件指数	0.008 1	0.018 8

注：玉米购买力水平指数波动率正态分布的均值和标准差与粮食一致。

拟合结果表明，我国玉米产业安全指数值波动率服从均值为 0.002 0，标准差为 0.024 4 的正态分布；基础保障水平指数值波动率服从均值为 −0.006 9，标准差为 0.025 1 的正态分布；市场运行形势指数值波动率服从均值为 0.000 0，标准差为 0.036 4 的正态分布；科技支撑能力指数值波动率服从均值为 0.000 2，标准差为 0.013 7 的正态分布；资源环境条件指数值波动率服从均值为 0.008 1，标准差为

0.018 8 的正态分布。

（二）2025 年玉米产业安全态势预判

1. 预计玉米产业安全指数仍将运行在安全区间

2025 年，中央财政继续实施玉米生产者补贴、耕地地力保护补贴等政策，并启动粮油种植专项贷款贴息试点，确保我国玉米产业安全指数将在安全区间稳中有升。基于蒙特卡罗仿真模拟结果显示：2025 年我国玉米产业安全指数预测分值低于 90 的概率为 17%，同时代表平均值 50% 的百分位线为 92.14，较 2024 年（91.89）有所提高（表 4-6）。

表 4-6　2025 年我国玉米产业安全指数模拟预测值

百分位	2025 年预测值
0.05	88.57
0.10	89.26
0.15	89.85
0.20	90.35
0.25	90.72
0.30	91.10
0.35	91.33
0.40	91.60
0.45	91.89
0.50	92.14
0.55	92.53
0.60	92.91
0.65	93.20
0.70	93.54
0.75	93.90
0.80	94.28
0.85	94.67
0.90	95.16
0.95	96.04

2. 预计玉米基础保障水平指数仍将处于基本安全区间

2025 年，玉米单产提升行动确保总产量稳中有增，但由于生猪市场"淡季不淡"的现象提振了养殖信心，全年生猪存栏或将维持在高位，推动玉米饲用消费有所增加，加之深加工消费仍保持回升态势，玉米供需"紧平衡"预计将更加凸显，从而导致玉米人均占有量、自给率以及库存消费比明显承压。虽然我国玉米进口量仍将维持在高位，但对美国玉米的依赖将进一步下降，玉米进口将进一步分散到南美、乌克兰等地。综合研判，2025 年我国玉米基础保障水平大概率仍将运行在基本安全区间。基于蒙特卡罗仿真模拟结果显示：2025 年我国玉米基础保障水平指数预测分值低于 90 的概率为 71%，同时代表平均值 50% 的百分位线为 88.54，较 2024 年（89.09）略有下降（表 4 - 7）。

表 4 - 7　2025 年我国玉米基础保障水平指数模拟预测值

百分位	2025 年预测值
0.05	84.97
0.10	85.67
0.15	86.26
0.20	86.75
0.25	87.13
0.30	87.51
0.35	87.74
0.40	88.01
0.45	88.29
0.50	88.54
0.55	88.93
0.60	89.31
0.65	89.61
0.70	89.94
0.75	90.31
0.80	90.69
0.85	91.07
0.90	91.57
0.95	92.44

3. 预计玉米市场运行形势指数仍处于基本安全区间

2025 年，全球玉米大幅减产风险加剧，或将导致国际玉米价格距平大幅抬升，传导拉动国内看涨预期，伴随着国内玉米消费需求回升，我国玉米市场价格预计进入上行通道。虽然玉米完全成本保险和种植收入保险覆盖范围在不断扩大，但由于前期基数较高，我国玉米保险深度进一步提高的空间有限；同时受新型肥料溢价、种子投入增加等因素影响，农户玉米亩均现金收益大概率仍将维持弱势盘面。综合研判，2025年我国玉米市场运行形势指数仍将运行在基本安全区间。基于蒙特卡罗仿真模拟结果显示：2025年我国玉米市场运行形势指数预测分值低于90的概率为92%，代表平均值50%的百分位线为85.21，较2024年（85.12）持平略增（表4-8）。

表4-8 2025年我国玉米市场运行形势指数模拟预测值

百分位	2025年预测值
0.05	80.27
0.10	81.23
0.15	82.05
0.20	82.73
0.25	83.25
0.30	83.77
0.35	84.09
0.40	84.47
0.45	84.86
0.50	85.21
0.55	85.74
0.60	86.27
0.65	86.68
0.70	87.14
0.75	87.65
0.80	88.18
0.85	88.71
0.90	89.40
0.95	90.61

4. 预计玉米科技支撑能力指数仍运行在基本安全区间

2025年，我国大力推广玉米高产高效模式，特别注重良田良种良机良法相互融合以及关键环节的紧密配合，玉米单产水平和耕种收综合机械化率将稳步提升。不过考虑到我国玉米种植面积已趋于稳定，规模扩张空间有限，新品种边际效益预期降低，加之种业研发成本持续走高，玉米品种审定通过数量短期内将难以大幅提升。同时，受制于种植规模瓶颈以及部分主产区技术效率存在差距，玉米全要素生产率预计难以实现持续增长。综合研判，2025年我国玉米科技支撑能力指数将继续运行在基本安全区间。基于蒙特卡罗仿真模拟结果显示：2025年我国玉米科技支撑能力指数预测分值低于 90 的概率高达 99％，代表平均值 50％的百分位线为 87.45，较 2024 年（87.39）稳中略增（表 4-9）。

表 4-9　2025 年我国玉米科技支撑能力指数模拟预测值

百分位	2025 年预测值
0.05	85.54
0.10	85.91
0.15	86.22
0.20	86.49
0.25	86.69
0.30	86.89
0.35	87.01
0.40	87.16
0.45	87.31
0.50	87.45
0.55	87.65
0.60	87.86
0.65	88.01
0.70	88.19
0.75	88.39
0.80	88.59
0.85	88.80
0.90	89.06
0.95	89.53

5. 预计玉米资源环境条件指数或将运行至安全区间

2025 年，由于玉米种植规模基数较大，种植结构弹性相对较小，进一步大幅提升空间有限，预计玉米种植面积将保持基本稳定。伴随着耐密植品种的推广普及、密植技术减少单位面积农机作业频次以及精准施肥技术的广泛应用，我国玉米碳排放量仍有下降的空间。2025 年我国气候总体呈现气温持续偏高、季节气候异常等特征，考虑到我国农业防灾减灾整体能力建设呈现系统性强化态势，显著提升极端天气下的农业韧性，玉米种植所面临的自然灾害风险等级总体将趋于下降。综合研判，2025 年我国玉米资源环境条件指数有望运行至安全区间。基于蒙特卡罗仿真模拟结果显示：2025 年我国玉米资源环境条件指数预测分值高于 90 的概率为 58％，代表平均值 50％的百分位线达到 90.34，较 2024 年（89.57）有所增加，并跃上安全区间（表 4-10）。

表 4－10　2025 年我国玉米资源环境条件指数模拟预测值

百分位	2025 年预测值
0.05	87.65
0.10	88.17
0.15	88.62
0.20	88.99
0.25	89.27
0.30	89.56
0.35	89.73
0.40	89.94
0.45	90.15
0.50	90.34
0.55	90.63
0.60	90.92
0.65	91.14
0.70	91.39
0.75	91.67
0.80	91.96
0.85	92.25
0.90	92.62
0.95	93.28

第五章　大豆产业安全评估

2024 年，我国大豆产业安全指数反弹至历史最高位，但距离基本安全区间仍有差距。预计 2025 年，我国大豆产业安全指数将继续运行在不安全区间。

一、2024 年大豆产业安全态势判断

2024 年我国大豆产业安全总指数为 78.37，较 2023 年提高 0.56 个点，增幅为 0.72%，处于不安全区间。

从分项指数看，2024 年我国大豆基础保障水平指数仍处于不安全区间，购买力水平①指数处于安全区间，市场运行形势、科技支撑能力和资源环境条件指数均处于基本安全区间。其中，基础保障水平指数和市场运行形势指数分值为 62.24 和 89.30，较 2023 年分别增加 0.11 和 2.50 个点，增幅达到 0.18% 和 2.89%；科技支撑能力指数和资源环境条件指数分值持平略减至 86.64 和 89.48，较 2023 年分别下滑 0.55 和 0.05 个点，降幅为 0.63% 和 0.05%（图 5-1）。

一是基础保障水平基本稳定。2024 年，我国饲料行业深入实施饲用豆粕减量替代行动，大力推广低蛋白日粮等实用技术，落实"降蛋白、减豆粕"各项措施，豆粕在饲料中的占比有所下降，使得大豆压榨消费量小幅下降，推动我国大豆消费量持平略减。不过值得注意的是，由于播种面积小幅下降，2024 年我国大豆产量也相应下滑至 2 065 万吨，较 2023 年减少 19.17 万吨。大豆供需两端"整体双弱、此消彼长"，最终使得 2024 年我国大豆人均占有量、大豆自给率和库存消费比稳中略降至 14.66 千克、18.01% 和 22.87%，较 2023 年分别减少 0.12 千克、0.17 和 0.70 个百分点。此外，虽然 2024 年我国大豆进口量呈持续回升态势，达

---

① 大豆购买力水平指数分值等同于粮食（详情见第一章）。

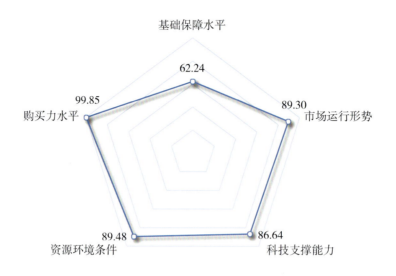

图5-1 2024年大豆产业安全分项指数

到创历史最高记录的10 503万吨，但我国实施大豆多元化的采购策略效果已初步显现。2024年我国大豆进口CR3较2023年下降0.61个百分点，探底至96.13%（表5-1）。

表5-1 2023—2024年大豆基础保障水平评价指标

年份	大豆自给率	大豆人均占有量	大豆库存消费比	大豆进口集中度
2023	18.18%	14.78千克	23.57%	96.74%
2024	18.01%	14.66千克	22.87%	96.13%

二是市场运行形势稳中向好。 2024年我国大豆完全成本保险和种植收入保险政策覆盖范围扩大到内蒙古自治区和黑龙江省全域，直接提升参保吸引力，推动大豆保险深度稳中有升至1.42%，较2023年提高0.08个百分点，有效支撑国内大豆市场总体平稳运行。2024年南美大豆产量的增加使得全球大豆供应进一步宽松，从而导致大豆国际价格迅速下行，推动国际大豆价格距平较2023年大幅下降116.26美元/吨，探底至4.02美元/吨，总体有助于稳定国内大豆市场基本面。但由于2024年我国大豆进口量再创历史新高，大量低价大豆通过贸易传导，加之国内大豆终端消费持续疲软，使得我国大豆市场价格较2023年有所下移，价格波动率相应也由正转负，同比下降4.61%。受此影响，虽然我国在内蒙古及东北三省继续实施大豆生产者补贴政策，促进大豆产销衔接，大豆亩均现金收益增速由上年度的－22.78%收窄至－8.00%，但整体仍未能扭转大豆亩均现金收益下滑的格局（表5-2）。

表 5－2　2023—2024 年大豆市场运行形势评价指标

年份	大豆亩均现金收益增速	年度间大豆市场价格波动率	大豆保险深度	国际大豆价格距平
2023	－22.78%	0.19%	1.34%	120.28 美元/吨
2024	－8.00%	－4.61%	1.42%	4.02 美元/吨

三是科技支撑能力稳中略降。2024 年我国继续实施大豆单产提升工程，构建以大豆水肥精准调控技术模式为支撑的产量提升体系，实现大面积均衡增产，单产再创历史新高，达到 133.3 千克/亩，较 2023 年增加 0.70 千克，增速保持在 0.50%。伴随着农机装备补短板行动的全面实施，2024 年我国大豆主产区机械装备水平得到进一步提升，特别是为解决部分地区大豆播种环节"无机可用"问题，重点研发适应不同地形的高性能播种机，从而实现我国大豆耕种收综合机械化率再创新高，整体达到 88.60%，较 2023 年提高 0.20 个百分点。2024 年我国加快良田、良种、良机、良法、良制"五良"集成，有效推动大豆全要素生产率由 2023 年 0.94（2012 年设定为基期，值为 1.00）稳步提高至 0.95。值得关注的是，2024 年我国大豆品种审定整体呈现"数量型增长"向"质量型突破"转向升级的态势，受其影响，大豆品种审定（国审和省审）通过数量回落至 392 个，增速较 2023 年大幅下降 19 个百分点，降至－8.41%，为 2017 年以来的首次负增长（表 5－3）。

表 5－3　2023—2024 年大豆科技支撑能力评价指标

年份	大豆单产增速	大豆新品种审定数量增速	大豆耕种收综合机械化率	大豆全要素生产率
2023	0.50%	10.59%	88.40%	0.94
2024	0.50%	－8.41%	88.60%	0.95

四是大豆资源环境条件有所改善。2024 年，我国继续实施大豆生产者补贴、耕地地力保护补贴、粮豆轮作补贴等政策，确保大豆播种面积连续三年稳定在 1.5 亿亩以上，但由于玉米单产水平远高于大豆，比较效益相对较高，农户更倾向于扩种玉米（玉米播种面积增加 521.80 千公顷），而大豆进口再创历史新高也在一定程度上挤压国内种植需求，导致部分地区大豆种植面积有所缩减，最终我国大豆播种面积较 2023 年整体减少 148.80 千公顷，降幅为 1.40%。2024 年我国农作物主产区气象条件相对适宜，加之防灾减灾能力得到有效提升，农作物整体受灾面积为 10 090.00 千公顷，表明大豆种植所面临的自然灾害风险等级与 2023 年持平，处于中低风险区域（2.00 分）。伴随着高油高产低排放大豆品种的推广，精准施肥、节水灌溉等技术的改进，以及轮作、带状复合种植模式的优化，2024 年我国大豆生产环节碳减排效果

显著，生产每吨大豆排放的二氧化碳当量为 180.24 千克，较 2023 年下降 2.61 千克当量的排放水平，降幅达到 1.43%（表 5-4）。

表 5-4　2023—2024 年大豆资源环境条件评价指标

年份	大豆播种面积增长率	生产每吨大豆排放的二氧化碳当量	大豆生产面临自然灾害风险等级
2023	2.18%	182.85 千克	2.00 分
2024	−1.40%	180.24 千克	2.00 分

二、过去十年大豆产业安全趋势演变

过去十年我国大豆产业均处于不安全区域（指数平均分值 74.97），安全程度呈现震荡波动上行走势，分值从 70.58 升至 78.37，上涨 7.79 个点。其中，大豆产业安全指数分别在 2016 年、2018 年、2021 年和 2023 年经历了 4 次回调，指数最低值为 2016 年 70.38，最高值为 2024 年 78.37，落差值高达 7.99 个点（图 5-2）。

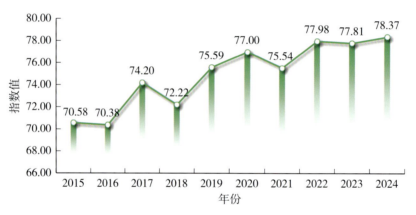

图 5-2　过去十年我国大豆产业安全指数走势

（一）大豆基础保障水平

2015—2024 年，我国大豆基础保障水平始终运行在不安全区域（指数平均分值 59.27），呈现"升—降—升—降—升"震荡上行走势；分值从 57.37 提高至 62.24，增幅为 4.48 个点（图 5-3）。

过去十年，我国国内大豆生产已难以满足市场需求，产需缺口不断加大。2016—2020 年，通过调减"镰刀弯"地区玉米种植面积、开展玉米大豆轮作试点和实施大豆振兴计划，我国大豆播种面积与产量总体呈现"双增"趋势，推动大豆自给率、消

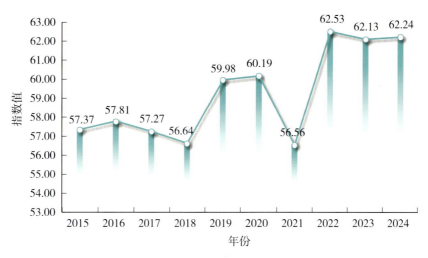

图 5 - 3　过去十年我国大豆基础保障水平指数走势

费库存比和人均占有量分别从 13.96%、15.08% 和 9.77 千克提高至 17.56%、18.42% 和 13.90 千克,助力大豆基础保障水平指数攀升至阶段性的高点 60.19。2021 年,受春季玉米价格大幅上涨、大豆与玉米等竞争作物种植比较收益下滑的不利影响,农户大豆种植意愿明显降低,大豆种植面积较 2020 年大幅下滑 14.76%,同时大豆单产水平也有所下滑(每亩减少 2.30 千克),从而导致大豆自给率、消费库存比和人均占有量骤然降至 14.07%、14.34% 和 11.61 千克,拖累大豆基础保障水平指数探底至过去十年的最低点(56.56)(图 5 - 4)。2022—2024 年,我国大力实施大豆和油料产能提升工程,采取了一系列政策措施,取得了积极成效,大豆自给率、

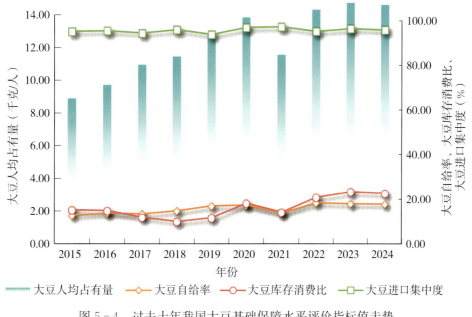

图 5 - 4　过去十年我国大豆基础保障水平评价指标值走势

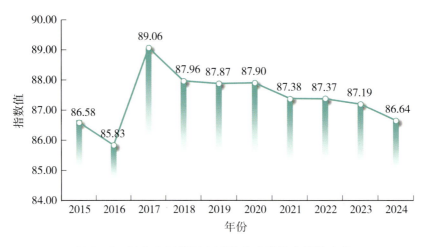

图 5-7　过去十年我国大豆科技支撑能力指数走势

5.22％和 1.04（2012 年设定为基期，值为 1.00）提高到 3.60％、60.38％和 1.11，均达到过去十年最高位，我国大豆科技支撑能力指数分值相应攀升至峰值 89.06。2018 年以来，我国大豆种植规模化比例偏低、种植成本居高不下的短板日趋凸显，加之进口大豆市场不断受到竞争挤压，以及为加快高油高产大豆品种培育推广，科学设置品种审定门槛所产生的短期"收缩效应"，致使我国大豆单产增速、大豆新品种审定（国审和省审）数量增速和大豆全要素生产率整体呈下降趋势，分别从 2.40％、28.82 和 1.04（2012 年设定为基期，值为 1.00），回落至 2024 年 0.50％、−8.41％和 0.95，从而拖累大豆科技支撑能力指数逐步回调（图 5-7 和图 5-8）。

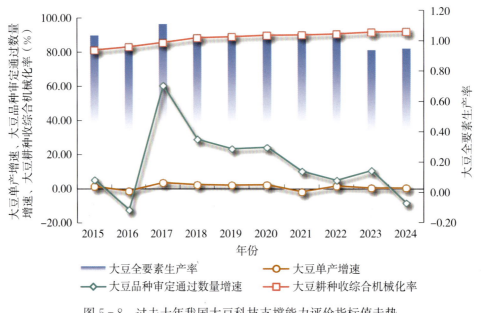

图 5-8　过去十年我国大豆科技支撑能力评价指标值走势

（四）大豆资源环境条件

2015—2024 年，我国大豆资源环境条件同样整体处于基本安全区间（指数平均分值为 87.13），安全程度呈现波动上行态势，分值从 83.78 增至 89.48，上涨 5.7 个点（图 5 - 9）。

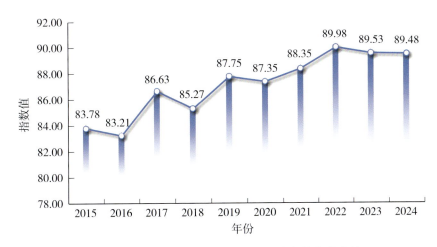

图 5 - 9　过去十年我国大豆资源环境条件指数走势

过去十年，主要得益于测土配方施肥、绿色防控、大豆轮作、玉米大豆带状复合种植等先进技术的推广和综合施策，我国大豆生产环节碳减排效果显著，由 2015 年的 287.30 千克降低到 2024 年的 180.24 千克，即平均生产每吨大豆减排 107.06 千克二氧化碳当量，降幅高达 37.26%，从而避免大豆资源环境条件指数滑落到不安全区间。虽然我国大豆种植所面临的自然灾害风险等级整体趋于下降，从处于中高风险（4.00 分）回落至中低风险（2.00 分），对大豆资源环境条件指数上行总体有利。但 2016 年、2018 年和 2020 年我国农作物整体受灾面积分别高达 26 220.7 千公顷、20 814.3 千公顷和 19 957.6 千公顷，表明大豆种植所面临的自然灾害风险等级相应达到高风险（5 分）、中高风险（4 分）和中高风险（3 分），成为导致大豆资源环境条件指数在上述年份回调的主要原因。需要特别指出的是，受我国大豆和玉米的收益存在差异，"玉米替代效应"显著导致 2015 年、2021 年和 2024 年大豆种植面积较上一年分别下降了 3.82%、14.76% 和 1.40%，但由于大豆种植碳减排效果显著，很大程度上抵消了大豆播种面积下滑的不利影响，确保我国大豆资源环境条件指数在 2015 年和 2021 年仍保持上行走势，2024 年回调 0.05 个点，分值为 89.48，仍处于过去十年的第三高位（图 5 - 9 和图 5 - 10）。

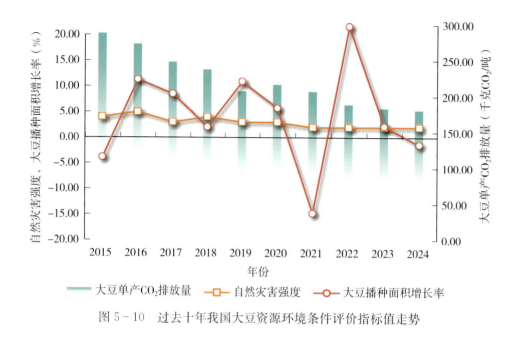

图 5-10　过去十年我国大豆资源环境条件评价指标值走势

三、2025 年大豆产业安全态势预判

（一）大豆产业安全程度波动风险度量

本报告根据我国 2014—2024 年大豆产业安全指数以及基础保障水平等 4 个分项指数年度间波动率时间序列，拟合出基于正态分布的概率密度函数（表 5-5）。

表 5-5　大豆产业安全指数波动率正态分布的均值和标准差

指数名称	均值	标准差
大豆产业安全指数	0.012 1	0.028 1
基础保障水平指数	0.010 1	0.047 1
市场运行形势指数	0.004 8	0.041 8
科技支撑能力指数	0.000 2	0.014 7
资源环境条件指数	0.007 5	0.018 8

注：大豆购买力水平指数波动率正态分布的均值和标准差与粮食一致。

拟合结果表明，我国大豆产业安全指数值波动率服从均值为 0.012 1，标准差为 0.028 1 的正态分布；基础保障水平指数值波动率服从均值为 0.010 1，标准差为 0.047 1 的正态分布；市场运行形势指数值波动率服从均值为 0.004 8，标准差为 0.041 8 的正态分布；科技支撑能力指数值波动率服从均值为 0.000 2，标准差为 0.014 7 的正态分布；资源环境条件指数值波动率服从均值为 0.007 5，标准差为

0.018 8 的正态分布。

（二）2025 年大豆产业安全态势预判

1. 预计大豆产业安全指数仍运行在不安全区间

2025 年，伴随着深入推进国家大豆和油料产能提升工程，我国大豆产业安全指数预计将延续上行态势，但由于前期基数较低，大概率仍将继续运行在不安全区间。基于蒙特卡罗仿真模拟结果显示：2025 年我国大豆产业安全指数预测分值低于 80 的概率达到 58%，同时代表平均值 50% 的百分位线为 79.38，较 2024 年（78.37）稳中有升，但仍未突破至基本安全区间（表 5 - 6）。

表 5 - 6 2025 年我国大豆产业安全指数模拟预测值

百分位	2025 年预测值
0.05	75.86
0.10	76.55
0.15	77.13
0.20	77.62
0.25	77.99
0.30	78.36
0.35	78.59
0.40	78.85
0.45	79.13
0.50	79.38
0.55	79.76
0.60	80.14
0.65	80.43
0.70	80.76
0.75	81.11
0.80	81.49
0.85	81.87
0.90	82.36
0.95	83.22

2. 预计基础保障水平指数仍处于不安全区间

2025 年，政策面千方百计稳定食用大豆面积、发展高油高产大豆，预计大豆产量小幅增长，同时饲用消费相对疲软，推动我国大豆人均占有量、自给率以及库存消费比有所提高，但整体难以改变"产不足需"的基本格局，进口量仍将维持在1亿吨左右的高位。综合研判，2025年我国大豆基础保障水平依旧处于不安全区间。基于蒙特卡罗仿真模拟结果显示：2025年我国大豆基础保障水平指数预测分值高于70的概率为0，代表平均值50％的百分位线为62.95，较2024年（62.24）略有提高（表5-7）。

表5-7　2025年我国大豆基础保障水平指数模拟预测值

百分位	2025年预测值
0.05	58.29
0.10	59.20
0.15	59.97
0.20	60.61
0.25	61.10
0.30	61.60
0.35	61.90
0.40	62.26
0.45	62.63
0.50	62.95
0.55	63.46
0.60	63.96
0.65	64.35
0.70	64.79
0.75	65.26
0.80	65.76
0.85	66.27
0.90	66.91
0.95	68.06

3. 预计市场运行形势指数可能跃至安全区间

2025年，我国大豆完全成本保险和种植收入保险覆盖范围的不断扩大将助推大豆保险深度稳中有升，同时通过继续完善玉米大豆生产者补贴，以及鼓励地方开展粮油种植专项贷款贴息试点，将有助于稳定国内大豆市场价格和确保农户大豆亩均现金收益。综合研判，2025年我国大豆市场运行形势指数或将跃至安全区间，不过考虑到国际大豆价格波动面临诸多不确定性因素，指数也存在运行在基本安全区间的可能性。基于蒙特卡罗仿真模拟结果显示：2025 年我国大豆市场运行形势指数预测分值超过 90 的概率为 49％，代表平均值 50％的百分位线为 89.85，较 2024 年（89.30）有所提升（表 5－8）。

表 5－8　2025 年我国大豆市场运行形势指数模拟预测值

百分位	2025 年预测值
0.05	83.90
0.10	85.06
0.15	86.04
0.20	86.87
0.25	87.49
0.30	88.12
0.35	88.50
0.40	88.96
0.45	89.43
0.50	89.85
0.55	90.50
0.60	91.13
0.65	91.62
0.70	92.18
0.75	92.79
0.80	93.43
0.85	94.07
0.90	94.89
0.95	96.35

4. 预计科技支撑能力指数处于基本安全区间

2025 年，在政策与技术双轮驱动下，我国大豆耕种收综合机械化率将继续稳中有升，同时通过政策赋能、技术迭代和主产区示范带动，大豆单产也有望得到提升。不过考虑到农户种植规模偏低等因素导致大豆全要素生产率进一步提升的难度较大以及大豆品种审定通过数量短期内将难以实现大幅提升，综合研判，2025 年我国大豆科技支撑能力指数将继续稳定在基本安全区间。基于蒙特卡罗仿真模拟结果显示：2025 年我国大豆科技支撑能力指数预测分值高于 90 的概率为 0，代表平均值 50％的百分位线为 86.70，较 2024 年（86.64）持平略增（表 5-9）。

表 5-9   2025 年我国大豆科技支撑能力指数预测模拟值

百分位	2025 年预测值
0.05	84.67
0.10	85.06
0.15	85.40
0.20	85.68
0.25	85.89
0.30	86.11
0.35	86.24
0.40	86.39
0.45	86.55
0.50	86.70
0.55	86.92
0.60	87.13
0.65	87.30
0.70	87.49
0.75	87.70
0.80	87.92
0.85	88.13
0.90	88.42
0.95	88.91

5. 预计资源环境条件指数有望运行至安全区间

2025 年中央 1 号文件强调"巩固大豆扩种成果"，政策重心趋于稳定大豆种植面积，但进一步提升大豆种植面积的空间有限。我国大豆生产总体呈现"北春播、南夏播"双周期特征，近年来随着农业防灾减灾整体能力建设的持续加强，大豆种植所面临的自然灾害风险等级趋于下降，但也不能完全排除大豆关键生长期会遭受极端天气冲击。伴随着大豆绿色高效栽培等关键技术加快推广，大豆碳排放量预计将持续下降。综合研判，2025 年我国大豆资源环境条件指数有望运行至安全区间。基于蒙特卡罗仿真模拟结果显示：2025 年我国大豆资源环境条件指数预测分值高于 90 的概率为 56%，代表平均值 50% 的百分位线达到 90.20，较 2024 年（89.48）有所增加，并跃上安全区间（表 5-10）。

表 5 - 10　2025 年我国大豆资源环境条件指数模拟预测值

百分位	2025 年预测值
0.05	87.52
0.10	88.04
0.15	88.49
0.20	88.86
0.25	89.14
0.30	89.42
0.35	89.60
0.40	89.80
0.45	90.02
0.50	90.20
0.55	90.50
0.60	90.78
0.65	91.00
0.70	91.26
0.75	91.53
0.80	91.82
0.85	92.11
0.90	92.48
0.95	93.14

附录一 粮食安全评估指标体系与理论模型

本书粮食安全的内涵参考《中国粮食安全评估报告（2021）》的观点，基于FAO "保证所有的人在任何时候既能买得到又能买得起所需要的足够食品"基础上，围绕 "以我为主、立足国内、确保产能、适度进口、科技支撑"的国家粮食安全战略，从 5个维度对粮食安全的内涵进行系统化界定并赋予新的特征。一是粮食基础保障水 平，确保提供足够数量的粮食；二是粮食市场运行形势，确保市场运行基本稳定；三 是粮食科技创新能力，确保科技创新提升粮食综合生产能力；四是粮食资源环境条 件，确保资源环境能够承载粮食绿色可持续发展；五是粮食购买力水平，确保城乡居 民能够买得起所需的足够粮食。

一、粮食安全评估指标体系

本书遵循以下原则构建粮食安全评估指标体系：一是选择的指标应当能够全 面、有效地衡量和评价当前粮食安全状况及粮食安全程度；二是选择的指标应当能 够反映粮食安全宏观调控，以便对粮食不安全因素进行必要管控调整；三是选择的 指标应当能够反映影响粮食安全的主要因素，以便科学合理地预测预警未来粮食安 全态势。

本书构建的粮食安全评估指标体系由基础保障水平、市场运行形势、科技支撑能 力、资源环境条件、购买力水平等5个二级指标及其相应的16个三级指标构成（附 表1-1）。

附表1-1 粮食安全评估指标体系

一级指标	二级指标	三级指标		权重	作用方向
粮食产业安全（Y）	基础保障水平（B1）	1	粮食自给率（C1）	20%	正向
		2	粮食人均占有量（C2）	8.75%	正向
		3	粮食库存消费比（C3）	8.75%	正向
		4	粮食进口集中度（C4）	2.5%	负向

（续）

一级指标	二级指标		三级指标	权重	作用方向
粮食产业安全（Y）	市场运行形势（B2）	5	粮食亩均现金收益增速（C5）	5%	正向
		6	年度间粮食市场价格波动率（C6）	3%	正向
		7	粮食作物保险深度（C7）	4%	正向
		8	国际粮价距平（C8）	3%	负向
	科技支撑能力（B3）	9	粮食单产增速（C9）	7.5%	正向
		10	粮食品种审定通过数量增速（C10）	5%	正向
		11	粮食耕种收综合机械化率（C11）	5%	正向
		12	粮食全要素生产率（C12）	5%	正向
	资源环境条件（B4）	13	粮食播种面积增长率（C13）	7.5%	正向
		14	粮食单位产量二氧化碳排放当量（C14）	5%	负向
		15	粮食生产面临自然灾害风险等级（C15）	5%	负向
	购买力水平（B5）	16	居民人均可支配收入（C16）	5%	正向

1. 粮食基础保障水平指标

粮食自给率（C1）是指粮食总产量（D1）与消费量（D2）的比值。计算公式为[①]：

$$C1=\frac{D1}{D2}\times100\%$$

粮食人均占有量（C2）是指当年粮食总产量（D1）与年末总人口数（D3）的比值，单位为千克/人。计算公式为[②]：

$$C2=\frac{D1}{D3}$$

粮食库存消费比（C3）是指当年年末库存量与当年消费量的比值，其中当年年末库存量由年初粮食库存量（D4）、粮食总产量（D1）、粮食进出口净额（D5）加总减当年粮食消费量（D2）得来。计算公式为[③]：

$$C3=\frac{D1+D4+D5-D2}{D2}\times100\%$$

粮食进口集中度（C4）是指当年粮食进口排名前三位国家的进口金额（A1、A2、A3）与当年粮食进口总金额（A_t）的比值。计算公式为[④]：

---

①　资料来源：根据《中国农村统计年鉴2024》、国家统计局官网和经济合作与发展组织（OECD）官网数据测算。
②　资料来源：根据国家统计局官网数据测算。
③　资料来源：根据《中国农村统计年鉴2024》、国家统计局官网、中国海关总署官网和OECD官网数据测算。
④　资料来源：根据中国海关总署官网测算。

灌溉等）的二氧化碳当量排放量。计算公式为[①]：

$$C14 = CHG_{CO_2} + CHG_{NO_2} + CHG_{CH_4}$$

$$CHG_{CO_2} = \sum_i (AD_i \times EF_i)$$

$$CHG_{NO_2} = (E_{NO_2直接} + E_{NO_2沉降} + E_{NO_2淋溶}) \times 273$$

$$CHG_{CH_4} = CH_{4稻田} \times 27$$

式中，CHG_{CO_2} 是农田上游投入和种植环节二氧化碳总排放，单位是千克二氧化碳当量，i 是各项农业投入或种植环节排放源种类，AD_i 是第 i 种投入或排放源的活动水平数据，EF_i 是第 i 种投入的排放因子。

CHG_{NO_2} 是指由于氮肥施用造成的 NO_2 总排放，单位是千克二氧化碳当量，其中 $E_{NO_2直接}$ 是农田 NO_2 直接排放量，$E_{NO_2沉降}$ 是氮挥发后沉降 NO_2 间接排放量，$E_{NO_2淋溶}$ 是氮淋溶径流 NO_2 直接排放量，273 是 NO_2 的 100 年全球增温潜势（IPCC，2021）。

CHG_{CH_4} 是稻田甲烷总排放，单位是千克二氧化碳当量，其中 $CH_{4稻田}$ 是稻田 CH_4 的排放量，27 是 CH_4 的 100 年全球增温潜势（IPCC，2021）。

粮食生产面临自然灾害风险等级（C15）是根据农作物因灾损失面积（单位：千公顷）进行的风险分级划分。计算公式为[②]：

$$C15 = \begin{cases} 1, & D9 \leqslant 1\,000 \\ 2, & 1\,000 < D9 \leqslant 1\,500 \\ 3, & 1\,500 < D9 \leqslant 2\,000 \\ 4, & 2\,000 < D9 \leqslant 2\,500 \\ 5, & D9 > 2\,500 \end{cases}$$

5. 粮食购买力水平指标

居民人均可支配收入（C16）是居民消费开支的重要决定性因素，用来衡量居民生活水平的变化情况，单位：元[③]。

二、粮食安全评估理论模型

1. 评估模型

首先对粮食、稻谷、小麦、玉米、大豆的 16 个三级指标原始值分别进行指标的

---

① 资料来源：根据《全国农产品成本收益资料汇编》（2011—2024 年）、《中国物价年鉴》（2012—2013 年）、《中国价格统计年鉴》（2014—2024 年）、《中国农村统计年鉴》（2011—2024 年）测算。2024 年二氧化碳排放量数据是运用 ARIMA 模型的预估数据。

②③ 资料来源：根据国家统计局官方网站数据测算。

无量纲归一化处理。其中正向指标采用取对数方法[①]进行无量纲归一化处理，负向指标采用极值法进行无量纲归一化处理。无量纲化是为了消除多指标综合评价中，计量单位上的差异和指标数值的数量级、相对数的形式差别，解决指标综合性问题。指标权重由粮食安全领域专家主观赋权法确定。

产业安全指数（Y_i）的计算：

$$Y_i = \sum_{i=1}^{5} W_l C_l$$

式中，W_l为权重，$l = 1 - 16$；C_l为三级指标；$i = 1 - 5$，分别代表粮食、稻谷、小麦、玉米、大豆。

二级指标B_i^k的计算：

当$k = 1$时，$B_i^1 = \sum_{l=1}^{4} \beta_l C_l$，其中$\beta_1 = \frac{1}{2}$，$\beta_2 = \beta_3 = \frac{7}{32}$，$\beta_4 = \frac{1}{16}$

当$k = 2$时，$B_i^2 = \sum_{l=5}^{8} \beta_l C_l$，其中$\beta_5 = \frac{1}{3}$，$\beta_6 = \beta_8 = \frac{1}{5}$，$\beta_7 = \frac{4}{15}$

当$k = 3$时，$B_i^3 = \sum_{l=9}^{12} \beta_l C_l$，其中$\beta_9 = \frac{1}{3}$，$\beta_{10} = \beta_{11} = \beta_{12} = \frac{2}{9}$

当$k = 4$时，$B_i^4 = \sum_{l=13}^{15} \beta_l C_l$，其中$\beta_{13} = \frac{3}{7}$，$\beta_{14} = \beta_{15} = \frac{2}{7}$

当$k = 5$时，$B_i^5 = \sum_{l=16}^{16} \beta_l C_l$，其中$\beta_{16} = 1$

式中，β_l为权重；C_l为三级指标；$i = 1 - 5$，分别代表粮食、稻谷、小麦、玉米、大豆；B_i^1、B_i^2、B_i^3、B_i^4、B_i^5分别代表各品种的基础保障水平指数、市场运行形势指数、科技支撑能力指数、资源环境条件指数、购买力水平指数的得分。

2. 指数区间定义

产业安全指数（Y）是对我国粮食产业安全状况判断的指标，用于综合衡量我国粮食产业安全状况。基础保障水平指数（$B1$）是用来衡量我国粮食供给"够不够"的指标，由粮食自给率、粮食人均占有量、粮食库存消费比、粮食进口集中度构成。市场运行形势指数（$B2$）是用来衡量我国粮食市场运行"稳不稳"的指标，由粮食亩均现金收益增速、粮食市场价格波动风险均值、粮食作物保险深度、国际粮价距平构成。科技支撑能力指数（$B3$）是用来衡量科技创新支撑我国粮食安全"能力大小"的指数，由粮食单产增速、粮食品种审定通过数量增速、粮食耕种收综合机械化率、

---

① 为了保留品种间正向指标数据的相对顺序以及相对关系，所以采用对数变化的方法。

粮食全要素生产率构成。资源环境条件指数（B4）是用来衡量我国资源环境"能否承载"粮食安全的指标，由粮食播种面积增长率、粮食单位产量二氧化碳排放量、粮食因灾损失面积构成。购买力水平指数（B5）是用来衡量城乡居民"能否买得起"的指标，由居民人均可支配收入构成。

以上指数越高表示安全程度越高。指数值 80～90 判定为基本安全区间，在此区间内表示产业状况基本安全，高于 90 视为安全，低于 80 则为不安全（附表 1-2）。

附表 1-2　指数安全性区间定义

指数	区间		
	安全区间	基本安全区间	不安全区间
产业安全指数	大于 90	80～90	小于 80
基础保障水平指数	大于 90	80～90	小于 80
市场运行形势指数	大于 90	80～90	小于 80
科技支撑能力指数	大于 90	80～90	小于 80
资源环境条件指数	大于 90	80～90	小于 80
购买力水平指数	大于 90	80～90	小于 80

3. 指数预测方法

假设 2025 年指数值可以分解为 2024 年指数值和波动值两部分，具体模型如下：

$$B_{it+1} = B_{it} + \varepsilon_{it}$$

式中，B_{it+1} 为 2025 年指数预测值，B_{it} 为 2024 年指数值，ε_{it} 为波动值，同时满足 $E(B_{is}\varepsilon_{it}) = 0$，$\forall s < t$，$E(\varepsilon_{it}) = 0$，$Var(\varepsilon_{it}) = \sigma^2$，$E(\varepsilon_{it}\varepsilon_{is}) = 0$，$s \neq t$ 的假设条件。

在本报告中通过蒙特卡罗仿真模拟技术来确定波动值 ε_{it}。首先，基于 2014—2024 年各指数的时间序列，构造出年度间指数波动率的时间序列，采用参数方法对该时间序列进行拟合，选择正态分布作为备择分布，通过拟合得出各指数波动率服从正态分布的均值与标准差，确定 V_i 函数；其次，根据 $B_{it+1} = B_{it}(1 + V_i)$ 公式，得出 2025 年指数在不同百分位情况下的预测值。

附录二 2014—2024 年我国主要粮食品种产业安全指数

附表 2-1 2014—2024 我国粮食产业安全指数

年份	总指标	基础保障水平	市场运行形势	科技支撑能力	资源环境条件	购买力水平
2014	89.01	92.02	89.39	87.10	82.43	89.09
2015	88.50	91.89	84.76	87.12	83.34	90.37
2016	87.11	91.13	83.29	86.71	82.07	91.59
2017	90.29	90.54	86.37	88.78	85.51	92.89
2018	90.03	90.36	87.48	88.37	84.62	94.14
2019	91.32	90.99	86.97	88.08	86.51	95.41
2020	92.35	90.58	91.32	88.07	86.70	96.11
2021	93.43	90.37	91.62	87.78	88.65	97.42
2022	92.20	90.30	86.88	87.10	88.82	98.15
2023	93.27	91.26	87.57	87.15	89.27	99.07
2024	94.90	93.14	89.35	87.01	89.54	99.85

附表 2-2 2014—2024 我国稻谷产业安全指数

年份	总指标	基础保障水平	市场运行形势	科技支撑能力	资源环境条件	购买力水平
2014	89.21	92.22	89.83	87.14	82.39	89.09
2015	88.54	91.42	87.38	86.67	83.00	90.37
2016	87.71	91.49	85.94	86.84	81.54	91.59
2017	91.10	91.93	88.59	88.31	84.95	92.89
2018	90.85	91.86	88.72	87.95	84.39	94.14
2019	92.15	93.03	86.83	87.97	86.17	95.41
2020	92.56	92.43	89.40	88.20	86.03	96.11
2021	95.13	93.27	93.76	87.63	88.09	97.42
2022	93.10	90.89	91.42	86.64	88.16	98.15
2023	93.26	89.60	91.57	87.02	89.18	99.07
2024	96.24	93.34	94.84	86.77	89.53	99.85

附表 2 - 3   2014—2024 我国小麦产业安全指数

年份	总指标	基础保障水平	市场运行形势	科技支撑能力	资源环境条件	购买力水平
2014	88.41	90.39	89.19	88.05	82.38	89.09
2015	89.26	92.30	85.42	87.50	83.82	90.37
2016	89.29	94.14	83.83	87.77	82.23	91.59
2017	92.49	94.54	87.68	87.32	86.07	92.89
2018	92.34	93.90	86.84	89.07	85.26	94.14
2019	94.28	96.17	89.01	87.42	86.45	95.41
2020	94.91	95.86	89.16	88.44	86.99	96.11
2021	96.86	95.34	90.97	89.73	89.14	97.42
2022	95.12	94.24	89.68	87.11	89.11	98.15
2023	95.91	94.87	88.20	88.59	89.38	99.07
2024	97.56	97.58	90.25	87.28	89.52	99.85

附表 2 - 4   2014—2024 我国玉米产业安全指数

年份	总指标	基础保障水平	市场运行形势	科技支撑能力	资源环境条件	购买力水平
2014	89.80	94.17	88.44	86.68	82.52	89.09
2015	90.47	95.02	85.60	87.30	83.42	90.37
2016	87.96	92.27	84.31	86.42	82.27	91.59
2017	91.26	90.91	87.56	89.47	85.98	92.89
2018	90.31	89.44	89.08	88.62	85.17	94.14
2019	90.86	88.51	88.78	88.22	87.21	95.41
2020	91.12	87.50	91.29	87.82	87.64	96.11
2021	92.79	88.62	91.40	87.37	89.59	97.42
2022	91.69	89.39	85.57	87.30	89.24	98.15
2023	94.71	93.16	89.10	87.26	89.33	99.07
2024	91.89	89.09	85.12	87.39	89.57	99.85

附表 2 - 5   2014—2024 我国大豆产业安全指数

年份	总指标	基础保障水平	市场运行形势	科技支撑能力	资源环境条件	购买力水平
2014	71.94	60.08	89.83	86.40	82.41	89.09
2015	70.58	57.37	86.10	86.58	83.78	90.37
2016	70.38	57.81	85.94	85.83	83.21	91.59
2017	74.20	57.27	89.85	89.06	86.63	92.89

（续）

年份	总指标	基础保障水平	市场运行形势	科技支撑能力	资源环境条件	购买力水平
2018	72.22	56.64	86.86	87.96	85.27	94.14
2019	75.59	59.98	87.44	87.87	87.75	95.41
2020	77.00	60.19	93.19	87.90	87.35	96.11
2021	75.54	56.56	92.94	87.38	88.35	97.42
2022	77.98	62.53	85.95	87.37	89.98	98.15
2023	77.81	62.13	86.80	87.19	89.53	99.07
2024	78.37	62.24	89.30	86.64	89.48	99.85

REFERENCES

主要参考文献

国家粮食和物资储备局，2020.《中国的粮食安全》白皮书重要文献汇编［M］. 北京：人民出版社.

联合国粮食及农业组织，国际农业发展基金，联合国儿童基金会，世界粮食计划署，世界卫生组织，2021. 2021 年世界粮食安全和营养状况［R］. 罗马.

农业农村部市场预警专家委员会，2025. 中国农业展望报告（2025—2034）［M］. 北京：中国农业科学技术出版社.

农业农村部种业管理司，全国农业技术推广服务中心，农业农村部科技发展中心，2022. 2022 年中国农作物种业发展报告［M］. 北京：中国农业科学技术出版社.

徐磊等，2019. 农产品市场风险评估和管理：理论与实践［M］. 北京：中国农业出版社.

中国农业科学院，2022. 中国农业产业发展报告 2022［M］. 北京：中国农业科学技术出版社.

中国农业科学院农业信息研究所，2024. 中国粮食安全评估报告（2024）［M］. 北京：科学技术文献出版社.

中国农业绿色发展研究会，中国农业科学农业资源与农业区划研究所，2023. 中国农业绿色发展报告（2022）［M］. 北京：中国农业出版社.

FAO，2003. TRADE REFORMS AND FOOD SECURITY［R］. ROME.

The Economist Intelligence Unit，2021. Global Food Security Index 2020［R］.

图书在版编目（CIP）数据

中国粮食安全评估报告. 2025 / 中国农业科学院农业信息研究所著. -- 北京：中国农业出版社，2025. 8.
ISBN 978-7-109-33730-5

Ⅰ. F326.11

中国国家版本馆 CIP 数据核字第 20258U5T37 号

中国粮食安全评估报告 2025

ZHONGGUO LIANGSHI ANQUAN PINGGU BAOGAO 2025

中国农业出版社出版

地址：北京市朝阳区麦子店街 18 号楼
邮编：100125
责任编辑：赵　刚
版式设计：王　晨　　责任校对：吴丽婷
印刷：中农印务有限公司
版次：2025 年 8 月第 1 版
印次：2025 年 8 月北京第 1 次印刷
发行：新华书店北京发行所
开本：889mm×1194mm　1/16
印张：6.25
字数：115 千字
定价：48.00 元